# Mes petites recettes minceur Montignac

**Sybille Montignac**
Diététicienne, diplomée d'État

**Avec la participation de**
**Patricia Paisant**
Experte en compléments alimentaires
**Guillaume Devilliers**
Coach sportif

FIRST Editions

**Avertissement**

Les informations fournies dans cet ouvrage ne remplacent en aucun cas les conseils ou le traitement d'un médecin ou d'un expert. Elles vous aideront simplement à faire des choix éclairés. Parce que chaque individu est unique, il appartient au médecin d'effectuer un diagnostic et de superviser les traitements pour chaque problème de santé. Si un individu suivi par un médecin reçoit des conseils contraires aux informations fournies dans cet ouvrage de référence, les conseils du médecin devront être respectés, car ils se basent sur les caractéristiques uniques de cet individu.



ISBN : 978-2-7540-3408-1
Dépôt légal : février 2012

Imprimé en Italie par Legoprint

Correction : Fabienne Vaslet
Couverture : Olo éditions
Conception graphique : Olo éditions
Maquette : Christelle Defretin

Éditions First-Gründ
60 rue Mazarine
75006 Paris
Tél. : 01 45 49 60 00
Fax : 01 45 49 60 01
www.editionsfirst.fr

# L'auteur

## Sybille Montignac

Sybille Montignac a suivi des cours de diététique à l'université de Bordeaux où elle a obtenu son diplôme d'État de diététicienne. Elle est devenue depuis l'une des meilleures spécialistes de la méthode Montignac.

En octobre 2008, Sybille Montignac a ouvert un cabinet de consultations à Paris où elle reçoit des obèses, des diabétiques et tous les candidats à l'amaigrissement par la méthode Montignac. Elle est aussi consultante pour le site Internet de coaching en ligne sur la méthode Montignac (www.aujourdhui.com) où elle forme et anime une équipe de diététiciennes et intervient comme coach au sein de la communauté Montignac.

Elle donne par ailleurs des cours sur la méthode Montignac en France et à l'étranger, dans des centres de remise en forme (spas).

En février 2010, elle a collaboré, chez First, à la dernière publication de son père, Michel Montignac, le créateur de la fameuse méthode d'amaigrissement : *Maigrir avec la méthode Montignac pour les nuls.*

*Avec la participation de*

EXPERT

## Patricia Paisant

Patricia Paisant est la fondatrice de LERECA®, Laboratoire européen de recherche et d'exploitation des compléments alimentaires. Née en 1968 en banlieue parisienne, elle suit, après son baccalauréat, une filière dans l'industrie pharmaceutique et concentre rapidement son cursus professionnel et sa recherche vers les médecines naturelles et complémentaires, pour intégrer des laboratoires d'oligo-éléments, de phytothérapie et de compléments alimentaires.

Elle fonde son laboratoire en 2006, reçoit le prix Talents des Cités en 2007 pour sa démarche de prévention santé et d'embauche en zone urbaine sensible, le master de la création d'entreprise en 2008 et est nommée entrepreneur d'avenir par l'Assemblée nationale en 2009, statut qui récompense sa vocation à faire progresser une cause qui lui tient à cœur : la responsabilité sociale, environnementale et sociétale de l'entreprise. Elle allie donc aujourd'hui, au sein de son laboratoire, sa passion pour les médecines naturelles et les valeurs qui lui tiennent à cœur pour faire émerger un nouveau modèle économique.

EXPERT

## Guillaume Devilliers

Ancien athlète de haut niveau, passionné par le développement de la condition physique, Guillaume Devilliers exerce son métier de préparateur physique depuis dix ans.
Diplômé des métiers de la forme et spécialisé en biomécanique, il s'occupe de la préparation physique et du suivi médical de joueurs de tennis de haut niveau.
Il encadre également les particuliers pour les aider à améliorer leur condition physique et à résoudre leurs petits soucis de santé.

# Sommaire

**L'auteur** .......... 4

**Sommaire** .......... 7

**Introduction** .......... 9

LA MÉTHODE MONTIGNAC .......... 11

**Pourquoi vous allez maigrir ?** .......... 12

**Comment cela va-t-il se passer ?** .......... 19

**Bien composer ses repas** .......... 27

**Le top 8 des aliments-incontournables** .......... 39

**La méthode Montignac selon votre profil** .......... 49

120 RECETTES MINCEUR MONTIGNAC .......... 65

**Pour l'apéritif** .......... 66

**Les entrées** .......... 79

**Les poissons** .......... 103

**Les viandes** .......... 129

**Les sauces et les accompagnements** .......... 153

**Les desserts** .......... 159

4 SEMAINES DE MENUS MINCEUR ........ 177

**Semaine 1** ........ 178

**Semaine 2** ........ 179

**Semaine 3** ........ 180

**Semaine 4** ........ 181

ANNEXES ........ 183

**Table des index glycémiques** ........ 184

**Index des recettes** ........ 188

**Index général** ........ 190

# Introduction

« Foie gras, chocolat, spaghettis… Je peux vraiment manger tout ça et perdre du poids ? » Cette question, on me la pose tous les jours dans ma pratique de diététicienne spécialiste de la méthode Montignac. Mes patients ont tendance à penser que ce que je leur propose, « ce n'est pas un régime ».

Paradoxalement, il est en effet très difficile d'accepter l'idée que l'on puisse perdre du poids tout en mangeant sans véritable restriction de quantité et intégrer dans ses menus de vrais aliments plaisir.

Je dis bien paradoxalement, car ma réponse à mes patients est toujours la même : non, la méthode Montignac, ce n'est effectivement pas un régime au sens où on l'entend habituellement, c'est même un anti-régime ! Et c'est justement pour cela que ça marche.

Le régime, dans l'esprit collectif, est synonyme de privations, de frustrations, de douleurs… Et il faut avouer que beaucoup de méthodes amaigrissantes jouent leur va-tout sur leur aspect restrictif. Bien qu'elles aboutissent à des résultats rapides, leur pendant quasi automatique, c'est l'effet rebond. On perd vite, le corps se fatigue et il reprend tout aussi vite, voire davantage, pour pouvoir « assurer » lors de la prochaine restriction.

Ce que je propose, ce n'est donc pas un régime à proprement parler mais bien plutôt une hygiène de vie globale, accessible à tous. On apprend à équilibrer son alimentation, tout en perdant du poids avec plaisir.

Cette connaissance m'a été transmise par mon père et au-delà de son efficacité scientifique avérée, c'est une méthode en laquelle je crois profondément et que j'applique moi-même au quotidien. Je suis très fière d'en être désormais la représentante et de faire découvrir cette vision à mes patients et à mes lecteurs.

Avec ce livre, vous mettez un pied dans la méthode Montignac : la première partie vous permettra d'aborder sereinement et simplement les grands principes de la méthode. La seconde partie, évidemment plus gourmande, vous propose des recettes variées et quatre semaines de menus Montignac. Ils vous aideront à faire un pas de géant dans votre vie en éliminant vos kilos superflus, sans jamais les voir réapparaître !

## Les icônes utilisées dans ce livre

À RETENIR

ATTENTION

EXPERT

CONSEIL

ATOUT NUTRITIONNEL

ASTUCES

LE SAVIEZ-VOUS ?

# 1

# La méthode Montignac

On en a peut être déjà entendu parler ou on l'a même suivie il y a quelques années, la méthode Montignac a fait ses preuves depuis le milieu des années 1980.

# Pourquoi vous allez maigrir ?

### Petite histoire de la méthode Montignac

*La méthode Montignac est née dans le milieu des années 1980. Elle a été fondée par Michel Montignac qui fut le premier à introduire le concept d'index glycémique dans l'amaigrissement. Depuis, elle n'a cessé d'évoluer avec son temps. La méthode Montignac, ce sont plus de 25 millions d'adeptes dans le monde. Pourquoi ? Tout simplement parce qu'avec cette méthode, on perd du poids facilement et durablement.*

À RETENIR

*Si la glycémie est trop élevée, on parle d'hyperglycémie. Si elle est trop basse, on parle d'hypoglycémie.*

ATTENTION

*En plus de chasser le glucose du sang, l'insuline a le pouvoir de stimuler la lipogenèse (stockage des graisses).*

## Quelques définitions à connaître

### La glycémie

C'est le taux de sucre (sous forme de glucose) dans le sang. Une glycémie normale à jeun doit se situer entre 0,7 et 1,1 g par litre de sang.

### L'insuline

C'est une hormone clé dans la digestion. Elle est sécrétée par le pancréas et son rôle principal est de chasser le glucose excédentaire du sang pour le stocker dans les muscles et le foie.

### L'hyperinsulinisme

*Chez une personne mince et en bonne santé, la sécrétion d'insuline est proportionnelle à l'importance de la glycémie. Dans ce cas, toute l'insuline sécrétée par le pancréas est utilisée pour faire baisser la glycémie et la ramener à sa valeur normale. Cette situation est parfaite.*

*Au contraire, chez une personne en surpoids (ou diabétique de type II), la sécrétion d'insuline est disproportionnée par rapport à l'importance de la glycémie. Cela a une double conséquence : une hypoglycémie réactionnelle (trop de glucose est chassé du sang) et un surplus d'insuline en fin de processus ou hyperinsulinisme.*

## L'index glycémique

Il mesure la capacité d'un glucide à augmenter la glycémie après le repas. Il est calculé par rapport à un standard qui est le glucose pur de référence (index de référence 100). En d'autres termes, l'index glycémique mesure le pouvoir hyperglycémiant d'un glucide, c'est-à-dire sa capacité à libérer une certaine quantité de glucose dans le sang après sa digestion.

## Pourquoi ces définitions sont-elles importantes pour vous ?

L'index glycémique est le seul critère qui va vous permettre de différencier les glucides et de les classer en trois catégories :

**LE SAVIEZ-VOUS ?**

*Il existe deux types de diabète : le diabète de type I (insulinodépendant) et le diabète de type II (non insulinodépendant). Le diabète de type I se caractérise comme une incapacité du pancréas à produire de l'insuline. Dans le cas d'un diabète de type II ou diabète sucré, le pancréas est capable de sécréter de l'insuline, mais il le fait de façon anormale.*

**ATTENTION**

*Contrairement à ce que l'on entend encore aujourd'hui, l'index glycémique ne mesure pas la vitesse d'absorption d'un glucide. En effet, quels que soient les glucides, on constate un pic glycémique qui apparaît environ 30 minutes après leur ingestion, qu'il s'agisse de sucre blanc ou de lentilles.*

- les glucides à index glycémique très bas (inférieur ou égal à 35) ;
- les glucides à index glycémique bas (de 40 à 50) ;
- les glucides à index glycémique élevé (de 55 à 100).

Grâce à ce critère, nous verrons un peu plus loin pourquoi vous devez préférer des haricots verts à du gratin dauphinois pour accompagner votre entrecôte.

L'AVIS DE PATRICIA PAISANT

## Les compléments alimentaires

*Les compléments alimentaires sont le plus souvent proposés sous forme de gélules, capsules, comprimés, solutions liquides. Ils ont pour rôle d'apporter à l'organisme des substances autorisées pour l'alimentation humaine, dans le but de compenser un déficit d'apport ou de combler une surconsommation de l'organisme en réponse à une période spécifique de la vie.*

***En aucun cas, le complément alimentaire ne doit remplacer ou se substituer à une alimentation variée et équilibrée. Il n'est pas non plus un médicament et ne peut s'y substituer, même s'il peut souvent accompagner des traitements médicamenteux sous le contrôle d'un professionnel de santé.***

*Nos habitudes alimentaires, repas pris « sur le pouce », grignotages, surconsommation de boissons sucrées, d'alcool, de sel, de graisses saturées peuvent appauvrir nos réserves en vitamines et minéraux, systèmes antioxydants, et entraîner un déséquilibre de notre état de santé.*

*Par ailleurs, certaines périodes de la vie comme la croissance, la grossesse, des périodes de convalescence ou de régimes déséquilibrés, des périodes de stress, certaines situations physiologiques inflammatoires et surtout digestives peuvent concourir à des besoins accrus en vitamines, minéraux, acides gras essentiels, etc.*

→

L'AVIS DE PATRICIA PAISANT

### Les compléments alimentaires (suite)

*Si nos réserves sont insuffisantes, les seuls apports quotidiens recommandés sont trop justes. Ces situations peuvent trouver des réponses adaptées grâce aux conseils avisés d'un professionnel de santé qui saura déterminer les compléments alimentaires nécessaires pour compléter l'alimentation. C'est le cas, par exemple, des carences en vitamine D qui touchent une grande partie de la population, en fer et vitamine B9 chez beaucoup de femmes en âge de procréer, ou encore des acides gras essentiels oméga-3 qui, chez la plupart d'entre nous, ne couvrent que 30 % des apports journaliers recommandés, alors qu'ils sont indispensables à notre santé.*

*Les compléments alimentaires ont beaucoup évolué ces dernières années. Les propriétés de certaines substances présentes dans les fruits, les légumes, les plantes ou encore les produits marins, couplées aux nouvelles méthodes d'extraction des principes actifs, ont fortement contribué à l'amélioration de ces produits. Il faut les considérer non pas comme des substituts mais comme des « outils » complémentaires et précieux à côté d'une alimentation équilibrée et d'une bonne hygiène de vie, pour un équilibre et une santé optimale en toutes circonstances.*

*Le marché des compléments alimentaires est vaste et le choix souvent difficile entre ces nombreux produits. Les professionnels de santé restent les meilleurs conseillers pour répondre aux questions des consommateurs et les orienter dans ce dédale.*

*Voir en annexe la table des index glycémiques*

ATTENTION

Certains chercheurs ont élaboré des tableaux d'index glycémiques en prenant le pain blanc comme index de référence (100). Dans la méthode Montignac, le tableau que nous donnons prend le glucose comme index de référence. Cela explique les différences de chiffres souvent constatées entre deux tables. Méfiez-vous des autres tables que vous pourriez trouver sur Internet ou ailleurs.

## Votre ennemi numéro 1 : l'hyperinsulinisme

Lorsque l'on fabrique trop d'insuline (hyperinsulinisme), ce qui est notamment le cas chez une personne en surpoids, le corps se trouve avec une quantité résiduelle d'insuline. Cela provoque le stockage d'une partie de l'énergie du repas sous forme de graisses de réserve. C'est ce que l'on appelle la lipogenèse (lipo = graisse, genèse = création). C'est la raison pour laquelle l'hyperinsulinisme est le facteur fonctionnel de la prise de poids. Toutes les personnes en surpoids sont d'ailleurs hyperinsuliniques à des degrés variables.

## La solution pour stopper le processus ? L'inverser.

Nous autres, *Montifriendly*, nous savons que pour enclencher l'amaigrissement, il convient de diminuer la réponse insulinique à travers une baisse de la glycémie. Et cela se traduit simplement par la consommation de glucides à index glycémique bas.

L'AVIS DE PATRICIA PAISANT

## La mélatonine et l'insuline

*La mélatonine est une hormone sécrétée par l'organisme dans l'obscurité. Son rôle est d'apporter au cerveau une information sur les rythmes circadiens (alternance jour/nuit). C'est l'hormone indispensable du sommeil, mais elle agit aussi sur l'ensemble de l'organisme : température corporelle, alternance veille/sommeil, vigilance, humeur, activité cognitive, hormones sexuelles, système immunitaire, cycle du cortisol... Elle est au centre de l'adaptation physiologique de l'organisme à son environnement.*

*Un décalage du cycle de mélatonine peut être fréquent : changement d'heure, travail de nuit, coucher tardif, décalage horaire. De plus, la production de mélatonine diminue lentement mais sûrement avec la maturité, et notamment à partir de 40 ans.*

*Le décalage du cycle de mélatonine et du cortisol peut conduire à des productions anormales d'insuline et à des troubles métaboliques, avec un risque accru de diabète. Il est fréquent de constater des prises de poids chez des personnes en rupture avec leurs rythmes biologiques.*

*Certains actifs naturels utilisés dans les compléments alimentaires, comme la bergamote ou l'orange amère, aident à la production naturelle de cette neuro-hormone chronobiotique : la mélatonine. Ils seront à consommer en soirée, environ 1 heure avant l'heure du coucher.*

*Il est essentiel de retrouver des rythmes d'activité en adéquation avec nos rythmes biologiques.*

L'AVIS DE PATRICIA PAISANT

### Au sujet de l'insuline
### Le magnésium marin et l'insuline

*Le magnésium est l'un des quatre minéraux les plus abondants dans l'organisme avec le calcium, le phosphore et le potassium. Le corps humain contient environ 25 g de magnésium, dont environ 60 % sont localisés dans les os. Son rôle est essentiel dans le fonctionnement de nos cellules. Son déficit augmente la sensibilité au stress et diminue la phase de résistance de l'organisme, favorisant l'épuisement.*

*Les apports en magnésium sont à surveiller dans le cadre d'une perte de poids. En effet, le magnésium aide la normalisation du taux de sucre sanguin. Il est associé à la production et à l'utilisation d'énergie par nos cellules.*

*Les excès d'insuline favorisent la perte de magnésium et l'insuline perd de son efficacité en cas de déficit en magnésium.*

*Le magnésium marin est un magnésium naturel et facilement assimilable par l'organisme. Sa tolérance est excellente. Son association avec des vitamines du groupe B permet une meilleure utilisation par l'organisme. Certains compléments alimentaires apportent cette synergie.*

# Comment cela va-t-il se passer ?

## Les deux phases de la méthode Montignac

Il existe deux phases dans la méthode Montignac : la phase I d'amaigrissement et la phase II de stabilisation. La phase I est la période pendant laquelle vous allez devoir suivre strictement la méthode jusqu'à avoir atteint votre objectif de perte de poids.

À RETENIR

1. Pour mettre toutes les chances de votre côté, je vous conseille de suivre cette phase I suffisamment longtemps (trois mois au minimum), même si vous avez peu de poids à perdre. Car cette phase vous permet aussi de rééduquer le fonctionnement de votre pancréas et d'éviter un effet rebond par la suite.
2. Plus l'amaigrissement est rapide, moins la stabilisation est durable et plus la reprise de poids est importante.

ATTENTION

La phase II doit devenir votre mode alimentaire de tous les jours. Il n'est pas question, après votre amaigrissement, de revenir à une alimentation totalement déséquilibrée car ce qui vous a fait grossir autrefois vous fera grossir de la même façon ensuite.

Dans ce livre, nous ne parlerons que de la phase I.

## Choisissez bien vos glucides

Nous l'avons vu plus haut, tout se joue dans le bon choix que vous allez faire entre les glucides. Pour mincir et rester mince, vous allez donc orienter votre alimentation en fonction de l'index glycémique.

En phase d'amaigrissement, vous devez supprimer tous les **glucides à index glycémique élevé, c'est-à-dire ceux supérieurs à 50**. Ces glucides sont en majorité des aliments transformés, issus pour la plupart de l'industrialisation : sucre raffiné, pain blanc, céréales et farines raffinées, auxquels il faut ajouter les pommes de terre sous toutes leurs formes ainsi que le maïs.

**Les glucides autorisés à index glycémiques bas** sont au contraire des aliments naturels très peu transformés : fruits, légumes, légumineuses (lentilles, haricots secs, pois chiches), céréales brutes complètes, pain intégral, céréales anciennes (seigle, sarrasin, épeautre, avoine), quinoa...

**LE SAVIEZ-VOUS ?**

*Nos grands-parents avaient une consommation calorique plus élevée que la nôtre, alors que leurs problèmes de surpoids étaient bien moindre. Cela s'explique très bien par leur alimentation qui était beaucoup moins hyperglycémiante que la nôtre.*

## Choisissez bien vos lipides

La classification des lipides (graisses) se fait selon la nature de leurs acides gras :

- les acides gras saturés : beurre, charcuterie, crème fraîche, fromages, graisse de l'agneau, du bœuf, du porc, du poulet, jaune d'œuf, laitages entiers (yaourt, fromage blanc, lait) ;
- les acides gras monoinsaturés : avocat, graisse d'oie et de canard, huiles de colza, de noisette, d'olive ;
- les acides gras polyinsaturés (dont les oméga-3 et les oméga-6) : fruits oléagineux, huiles de carthame, de colza, de graines de lin, de noix, de pépins de raisin, de soja, de tournesol, poissons gras et crustacés ;
- les acides « trans » : ce sont des acides gras polyinsaturés transformés par un traitement industriel ou par la

cuisson. On les trouve donc dans les biscuits, les plats industriels et les viennoiseries.

### Les bons et les mauvais lipides :

- les acides gras saturés et les acides gras « trans » sont facilement stockés car ils ne nécessitent aucune transformation ;
- les acides gras monoinsaturés sont moins facilement stockés car ils doivent préalablement être transformés en acides gras saturés, ce qui entraîne une consommation d'énergie par l'organisme. Ces acides gras ont aussi l'avantage de baisser la glycémie ;
- les acides gras polyinsaturés oméga-3 (huile de colza, de graines de lin, poisson) sont très difficilement stockables car pour les transformer en acides gras saturés et donc les stocker, l'organisme doit dépenser plus d'énergie que l'énergie qu'ils représentent.

### Les apports quotidiens

La consommation totale de lipides sur une journée ne devrait pas dépasser 30 % des apports énergétiques totaux. La répartition devrait être la suivante :

- 25 % d'acides gras saturés ;
- 45-60 % d'acides gras monoinsaturés ;
- 15-25 % d'acides gras polyinsaturés.

Les lipides doivent donc être choisis en fonction de la nature de leurs acides gras.

## Choisissez bien vos protéines

Une protéine est un assemblage d'acides aminés. Certains de ces acides aminés sont fabriqués par

**À RETENIR**

*S'il y a hyperinsulinisme, les graisses consommées durant le repas sont orientées vers le stockage. En revanche, si vous consommez, dans le même repas, des glucides à index glycémique très bas, ces graisses sont orientées vers le brûlage.*

**LE SAVIEZ-VOUS ?**

*Des études ont montré qu'une alimentation riche en acides gras oméga-3 pouvait aider à la perte de poids.*

ATTENTION

l'organisme. D'autres ne peuvent en revanche pas être synthétisés par le corps et doivent donc obligatoirement être apportés par l'alimentation. Ce sont les acides aminés essentiels.
À part l'œuf, aucun aliment protéique n'est capable d'apporter tous les acides aminés nécessaires au bon fonctionnement de l'organisme. Vous devez donc varier votre alimentation pour avoir différentes sources de protéines.

## Deux sources de protéines

Il existe des **protéines d'origine animale** (œufs, poissons, produits laitiers, viandes, volailles) et des **protéines d'origine** végétale (avoine, légumineuses, oléagineux comme l'amande, la cacahuète, la noisette ou la noix de cajou, orge, pain intégral, quinoa, sarrasin, soja).

## Les apports quotidiens

La ration protéique idéale devrait se situer aux alentours de 30 % des apports énergétiques totaux. Il est important de consommer suffisamment de protéines pour enclencher la perte de poids. Car au-delà de l'intérêt pour le maintien de la masse musculaire, les protéines améliorent l'absorption des glucides et augmentent l'effet de satiété.

## Une protéine à limiter

Des études ont montré que les protéines du lactosérum (petit-lait) sont insulinogènes. Cela veut dire que malgré un index glycémique bas (30), les laitages contenant du lactosérum (fromage blanc entier ou écrémé, lait, yaourt) entraînent une augmentation de la sécrétion d'insuline et donc une orientation vers la prise de poids. Il faudra donc limiter votre consommation de ces laitages à une portion par jour.

## Fabuleuses fibres

C'est un nutriment non énergétique mais qui joue un rôle très important dans notre alimentation. Il me semble donc utile d'en parler ici. L'apport journalier devrait être de 40 g.

### Deux types de fibres

Il existe deux types de fibres :

- les fibres solubles : les alginates (algues comme l'agar-agar), certaines hémicelluloses (avoine et orge), les gommes (légumineuses) et la pectine (baies, fruits à pépins) ;
- les fibres insolubles : cellulose, certaines hémicellulose (seigle, blé), lignine. On les trouve dans les fruits, les grains entiers (blé, épeautre, kamut), les légumes, les légumineuses.

Les fibres se trouvent donc principalement dans nos amis les glucides et plus il y en a, plus l'index glycémique du glucide en question est bas.

Les fibres ont le pouvoir de baisser l'index glycémique :

- les fibres solubles ont le pouvoir de ralentir l'absorption du glucose dans le sang et donc de réduire la glycémie et la réponse insulinique ;
- elles diminuent aussi l'absorption des graisses et conduisent donc à faire baisser le cholestérol sanguin. Il semblerait que ces effets bénéfiques soient aussi valables pour les triglycérides sanguins.

**À RETENIR**

*Solubles ou insolubles, les fibres présentent de nombreux avantages. Veillez à en avoir un apport suffisant dans votre alimentation quotidienne, particulièrement en phase d'amaigrissement.*

### Un meilleur transit

En se gorgeant d'eau, les fibres insolubles ont le pouvoir de rendre les selles plus molles et donc d'accélérer le transit intestinal.

### Une sensation de satiété

Les fibres entraînent une satiété plus importante, ce qui joue un rôle très important lors d'un régime.

L'AVIS DE GUILLAUME DEVILLIERS

### Les règles de base pour une pratique sportive performante

*La pratique du sport nécessite quelques règles qui vous permettront de meilleurs résultats et éviteront tout souci.*

*Tout d'abord, la visite médicale est obligatoire. Ne commencez pas une activité si vous n'avez pas toutes les garanties sur le plan de votre santé.*

*Commencez avec des séances courtes et légères puis, au fur et à mesure, les séances vont devenir plus intensives et consistantes. On ne passe pas instantanément de sédentaire à sportif de haut niveau !*

*Respectez la récupération (au minimum 1 journée entre chaque séance, surtout les premiers mois). L'activité doit cependant être régulière et programmée. Attention au surentraînement : les résultats ne seraient pas ceux souhaités. L'organisme étant fatigué, cela entraîne une usure physique et mentale ainsi qu'une augmentation des risques de blessures et une envie d'arrêter.*

*Variez si possible les activités. Cela permet de travailler sur des muscles différents, évite la monotonie et l'usure mentale.*

→

L'AVIS DE GUILLAUME DEVILLIERS

## Les règles de base pour une pratique sportive performante

*Ayez des objectifs à court, moyen et long terme. Ne vous fixez pas d'objectifs trop durs à atteindre. Ils doivent être réalisables afin de garder la motivation.*

*L'hygiène de vie, la nutrition, l'hydratation, le sommeil sont autant d'éléments qui vous amèneront vers les objectifs fixés.*

*Les étirements ne sont pas accessoires après les séances. Ils permettent de retrouver une élasticité musculaire et une meilleure récupération.*

*Pour conclure, tout le monde peut faire du sport. La règle d'or est de commencer progressivement, de s'imposer une certaine rigueur et de respecter différentes règles afin que la pratique sportive soit un plaisir et non une contrainte. N'ayez pas peur de faire appel à des spécialistes qui, par leur maîtrise du sport, leurs connaissances et leur disponibilité, pourront vous aider à mieux appréhender votre problème de poids en le gérant sur un plan santé et esthétique.*

L'AVIS DE GUILLAUME DEVILLIERS

## Le renforcement des membres inférieurs

*La remise en forme se pratique aussi à travers des exercices de renforcement musculaire. Le renforcement des cuisses va vous permettre de réaliser les séances de « cardio » avec plus de facilité. Pas besoin d'être suréquipé. Les exercices de base se font souvent sans matériel et demandent juste un peu de courage et de motivation. Pour travailler vos cuisses et vos fessiers, voici quelques exercices à faire chez soi.*

*La chaise*

*Appuyez-vous contre un mur et mettez vos cuisses parallèle au sol (angle à 90 °). Le dos doit être collé au mur. L'objectif est de tenir 30 secondes en statique et de répéter l'exercice deux ou trois fois.*

*Le squat*

*Faites attention que votre dos reste bien droit, ne descendez pas trop bas (cuisses parallèles au sol au maximum) et poussez dans les talons pour remonter. Les pieds sont parallèles et écartés de la largeur du bassin. Faites deux séries de dix à vingt répétitions.*

*Les mollets*

*Debout sur le rebord d'une marche, montez sur les pointes de pied et redescendez les talons un peu en dessous du niveau de la marche. Les abdos et les fessiers doivent être contractés pour garder l'équilibre. Faites deux séries de vingt répétitions.*

*Les fessiers*

*Allongé sur le dos, jambes fléchies, talons au sol. Montez les fesses en les contractant et redescendez sans toucher le sol. Les abdos doivent être contractés, même allongé. Réalisez deux séries de vingt à trente répétitions.*

*Variante : restez en haut avec les fessiers contractés, écartez et fermez les genoux en contractant aussi l'intérieur des cuisses (adducteurs).*

# Bien composer ses repas

La méthode Montignac distingue deux structures de repas : le repas glucido-protidique (GP) et le repas protido-lipidique (PL). Ces repas vont vous permettre d'avoir une alimentation équilibrée sur la journée, tout en vous conduisant à la perte de poids.

À RETENIR

*Pour vous aider à différencier ces deux structures de repas, retenez que dans un repas PL on fait attention aux glucides et dans un repas GP, on fait attention aux lipides (graisses).*

## Matin et soir : mangez glucido-protidique (GP)

### De préférence au petit déjeuner et au dîner

- Tous les glucides à IG ≤ 50 sont autorisés : les flocons d'avoine, les lentilles, le pain intégral, le pain noir allemand, les patates douces, le riz basmati, les spaghettis complets, la majorité des fruits et des légumes…
- Les graisses ne sont pas autorisées dans ce repas, sauf les graisses du poisson.
- Les protéines sont sous forme végétale (céréales, soja) ou animale mais non associées à des graisses, sauf pour le poisson. On peut donc consommer de la bresaola, des blancs d'œufs, du jambon blanc découenné dégraissé, du poisson ou encore de la viande des Grisons.
- Les laitages sont au lait écrémé ou au soja.

Nous l'avons dit plus haut, le lactosérum ou petit-lait contenu dans les laitages frais (fromage blanc, lait, yaourt…) contient des protéines insulinogènes. Cela

ATTENTION

veut dire que, même si les laitages ont un IG bas (30), leur consommation en quantité trop importante stimule la sécrétion d'insuline de façon trop importante. Je vous recommande donc de vous limiter à une portion de laitage par jour. Cette recommandation ne prend pas en compte les fromages à pâte dure (cantal, comté, beaufort…) qui ont perdu le petit-lait lors de l'égouttage.

## Au déjeuner : mangez glucido-protidique (GP)

### Au déjeuner et autorisés jusqu'à deux fois par semaine au petit déjeuner ou au dîner

- Tous les glucides à IG ≤ 35 : fruits (abricots, fruits rouges, oranges, pêches, poires, pommes…), fruits oléagineux nature, légumes (carottes crues, courgettes, haricots verts, tomates…), légumineuses (flageolets, lentilles, pois chiche…), quinoa, etc.
- Toutes les protéines animales : œufs, poisson ou viande, au choix, avec une préférence pour les œufs bio (riches en oméga-3), les poissons et les volailles sans la peau. L'idéal est de limiter votre consommation de viande grasse (agneau, porc) et de viande rouge à trois fois par semaine.
- Vous pouvez consommer du fromage ou des laitages entiers dans ce repas. Les fromages à pâte dure seront privilégiés (cantal, comté, gruyère) mais vous pouvez aussi consommer des fromages frais au lait de chèvre et de brebis.
- Toutes les protéines végétales sont également autorisées.

- Les graisses sont autorisées pour la cuisson et/ou l'assaisonnement : graisse d'oie ou de canard, huile de colza, de noix, d'olive.

CONSEIL

Cuisinez le plus souvent possible à la vapeur ou en papillote – vous pouvez vous servir de papier sulfurisé pour des papillotes au four. Il existe aussi des sachets spéciaux mais ils sont moins économiques. Ces modes de cuissons permettent de limiter la quantité d'huile à un filet et vos aliments conservent toute leur saveur et leur richesse nutritionnelle.

**« Cuisinez à la vapeur »**

*La cuisine à la vapeur présente de nombreux avantages sur le plan diététique et nutritionnel. Elle est de plus en plus courante et il est très facile, aujourd'hui, d'utiliser ce type de cuisson. N'hésitez pas à investir dans un cuit-vapeur, vous en trouverez à tous les prix et vous l'amortirez rapidement en vous en servant à toutes les sauces : légumes, poissons, viandes…*

## Répartition alimentaire pour une journée type

Lorsque vous suivez la méthode Montignac, il est très facile de faire les bons choix tout au long de la journée. Comme vous allez le constater, beaucoup d'aliments sont autorisés et, bonne nouvelle, cela vous permet de conserver une vie sociale en allant par exemple au restaurant ou en profitant des repas de famille en toute sérénité. Voici quelques idées pour la construction de vos trois repas quotidiens.

### Petit déjeuner

- **1 boisson chaude** : un café décaféiné, un café léger Arabica, de la chicorée, un chocolat noir dégraissé sans sucres ajoutés, du lait écrémé en poudre, du lait de soja, un thé léger. Vous pouvez éventuellement sucrer votre boisson avec un peu de sirop d'agave.
- **1 fruit frais** : abricot, fraises, framboises, kiwi, nectarine, pamplemousse, pêche, poire, pomme, nectarine…
- **Pains et céréales** : flocons d'avoine non cuits (le porridge a un IG trop élevé), flocons de quinoa, muesli Montignac, véritable pain intégral Montignac, pain intégral (farine T150), pain noir allemand, son de blé et d'avoine.
- **Préparation aux fruits** : « confitures » sans sucre édulcorées au jus de pomme, confitures au fructose, compote de pomme sans sucres ajoutés, marmelades sans sucre, spécialités aux fruits Montignac.
- **Protéines** : blancs d'œufs, bresaola, fromage blanc en faisselle à 0 %, jambon blanc découenné et dégraissé, saumon fumé, viande des Grisons, yaourt nature à 0 %, yaourt nature au soja.

CONSEIL

1. Boire un jus de fruit en se levant entraîne automatiquement une importante montée de la glycémie. Ceci est vrai même s'il s'agit d'un jus de fruit frais (jus d'orange). C'est pourquoi il vaut mieux s'abstenir. À

la rigueur, si l'on veut vraiment boire un jus de fruit, il vaut mieux le prendre à la fin du petit déjeuner car il alors moins d'incidence sur la glycémie.

2. La cuisson du flocon d'avoine entraîne une gélatinisation de ses glucides (amidon) et lui fait perdre ses propriétés, tout en augmentant considérablement son index glycémique. Ma recommandation est donc de le mélanger seulement avec de l'eau (ou du lait écrémé) chaude mais d'éviter de le faire cuire. Vous pouvez aussi le consommer avec un yaourt ou un fromage blanc faisselle 0 %.
3. Certaines personnes ont un système digestif particulièrement sensible, au point que si elles mangent des fruits pendant ou à la fin d'un repas, ces derniers ont tendance à fermenter et à favoriser un inconfort digestif, caractérisé notamment par des ballonnements et des flatulences. Si c'est votre cas, je vous conseille de manger les fruits frais en début de repas, en essayant de respecter un laps de temps suffisant (environ 15 minutes) avant de manger autre chose, afin que le fruit soit digéré isolément. Si vous n'avez pas de difficultés de digestion, le fruit peut être consommé pendant le repas ou à la fin. Il peut par exemple, au cours du petit déjeuner, être mélangé avec les céréales.
4. Ce petit déjeuner ne sera pas facile à réaliser si vous êtes à l'hôtel. Dans ce cas, je vous conseille de faire un petit déjeuner protido-lipidique de type anglo-saxon avec du fromage, du jambon, des laitages, des œufs, du poisson, des tomates…

ATTENTION

1. Dans tous les cas de figure, il est préférable de ne pas consommer de jus de fruits en bouteille (même non sucré). En effet, ils sont reconstitués (mélange d'extrait et d'eau) et ne contiennent plus ni vitamines ni fibres.
2. Attention aux mueslis prétendument « intégraux » et/ou biologique vendus dans les boutiques diététiques, car ils contiennent du riz soufflé et des grains de raisin dont les IG sont très élevés. Seul le muesli Montignac vous garantit un IG bas.
3. Les édulcorants tels que l'aspartame sont à éviter. En effet, des études ont montré que les édulcorants chimiques ont pour effet d'augmenter anormalement la glycémie au repas suivant et donc de favoriser un plus grand stockage de graisses. L'autre inconvénient des édulcorants de synthèse est qu'ils entretiennent artificiellement une dépendance au sucre et au goût sucré. Il est donc préférable d'en limiter la consommation.

Édulcorants : aspartame, acésulfame K, cyclamate, polyols, saccharine, sirop de riz, sucralose.
Remplacez-les par du fructose Montignac, du sirop d'agave ou encore de la stévia pure.

L'AVIS DE PATRICIA PAISANT

*Nombreux sont les compléments alimentaires disponibles sur le marché. Il est important de veiller à leur composition. Le but étant de compléter l'alimentation, il est essentiel de lire les étiquettes et de rester vigilant afin de privilégier les formules ne contenant pas d'édulcorants : aspartame, acésulfame de potassium… Il ne faut pas confondre compléments alimentaires et confiserie !*

**« Sirop d'agave » :**

*Le sirop d'agave provient de la sève d'un cactus que l'on trouve au Mexique. Il ressemble un peu à du miel mais sa texture est plus fluide. Son pouvoir sucrant est important car il contient principalement du fructose. Mais ce qui nous intéresse surtout, c'est que son IG est très bas (15). Vous le trouverez facilement en magasin bio ou dans votre supermarché, au rayon diététique.*

À RETENIR

Il est recommandé de choisir des cafés légers (Arabica) ou décaféinés, car la caféine augmente la sécrétion d'insuline et peut donc avoir un effet négatif sur l'amaigrissement si elle est consommée en quantité trop importante. Il est aussi préférable de choisir l'expresso au café filtre (cafetière) car la quantité de caféine y est plus faible (moins de diffusion).

### Déjeuner

- **1 entrée** à base de crudités : carottes râpées, champignons, concombre, salade verte, tomates, mais aussi des asperges, de l'avocat, des lentilles…
- **1 plat de poisson** (200 g), **de viande** (150-200 g) ou **des œufs** (2) en omelette ou au plat par exemple.
- **1 accompagnement** : aubergine, brocolis, flageolets, haricots verts, lentilles, quinoa…
- **1 dessert** : dessert PL comme la mousse au chocolat Montignac, fromage affiné, fromage blanc en faisselle, fruit cru ou cuit, yaourt, yaourt au soja, 2 carrés de chocolat noir à 70 % de cacao minimum.

**ATTENTION**

1. Ne consommez pas la peau des volailles et évitez les viandes et poissons panés car la panure a un IG trop élevé.
2. Choisissez des yaourts nature car ceux aromatisés ou aux fruits contiennent souvent du sucre ou des édulcorants.

**CONSEIL**

1. Lorsque vous déjeunez au restaurant, prenez le réflexe de demander en quoi consiste l'accompagnement. Vous verrez qu'une fois sur deux, il s'agit de pommes de terre ou de riz blanc. N'hésitez pas à demander au serveur de remplacer cette garniture par le légume du jour ou de la salade verte.
2. L'assaisonnement de vos crudités peut être à base d'huile de colza, de noix ou d'olive, de moutarde (sans sucres ajoutés), de vinaigre, de sel et de poivre. Vous pouvez également réaliser un mélange avec un yaourt et de la moutarde. Pensez aussi au jus de citron et à la sauce soja salée.

**CONSEIL**

*Les graisses n'étant pas autorisées dans ce repas, n'hésitez pas à assaisonner vos plats avec des herbes, des épices et des condiments comme la moutarde et la sauce soja. Vous pouvez aussi utiliser un peu de crème de soja cuisine pour rendre certaines préparations moins sèches.*

## Dîner

- **1 entrée** : un bon potage de légumes maison ou une soupe froide, en été par exemple.
- **1 plat principal** qui pourra être composé de lentilles vertes au tofu, de riz basmati, de spaghettis *al dente* accompagnés d'un coulis de tomates ou encore d'un taboulé de quinoa. Vous pouvez bien sûr accompagner ce plat de légumes verts ou même vous contenter de légumes certains soirs.
- **En option**, si vous avez bon appétit, vous pourrez consommer des blancs d'œufs pochés à la ciboulette,

du blanc de volaille sans peau grillé ou cuit à la vapeur, du poisson en papillote ou encore quelques tranches de viande des Grisons.

- **Pour le dessert**, vous avez le choix entre un fruit (cuit de préférence) et un laitage au soja ou à 0 % de matières grasses.

L'AVIS DE PATRICIA PAISANT

### Les vertus du curcuma

*Connu en cuisine depuis des millénaires, le curcuma n'est pas seulement une épice au goût inimitable. Son passé en médecine traditionnelle indienne est très riche. Conseillé pour faciliter la digestion, combattre la fièvre, les infections cutanées, les parasites intestinaux, de nombreux compléments alimentaires utilisent aujourd'hui ses bienfaits. Les études scientifiques sont venues étayer le savoir des anciens et confirmer les extraordinaires propriétés de cet actif naturel.*

*Le curcuma renferme des colorants naturels, les curcuminoïdes, dont le composé essentiel est la curcumine. Le curcuma détient des propriétés antioxydantes mais aussi anti-inflammatoires remarquables. Il possède également des effets antiseptiques et aide à réguler le cholestérol. Sa combinaison avec d'autres ingrédients, judicieusement choisis dans certaines formules de compléments alimentaires, permet de bénéficier des bienfaits de cet ingrédient et de compléter son utilisation dans l'alimentation.*

*Il est conseillé de poivrer un peu plus son alimentation car la pipérine du poivre potentialise l'action du curcuma. Son association avec de la graine de courge et le cumin en fait un bon antiparasitaire naturel. Il est important de veiller à en consommer régulièrement en cas d'alimentation crue, notamment poissons et bœuf en sushis et tartares, excellents pour la santé mais qui peuvent contenir des larves parasitaires.*

À RETENIR

1. Si tous les glucides que vous consommez dans ce dîner GP ont un IG ≤ 35, vous pouvez vous autoriser un filet d'huile d'olive en assaisonnement.
2. Ce repas peut être de type PL jusqu'à deux fois par semaine maximum. Dans ce cas, il sera identique au déjeuner mais en plus léger. Il devra notamment comporter moins de graisses et davantage de légumes verts. Préférez par exemple le poisson et les volailles sans peau et évitez le fromage.

Comme boisson pour le déjeuner et le dîner, vous pouvez choisir de l'eau gazeuse ou plate, du thé vert, une tisane ou encore un petit verre de vin rouge (10 cl) à la fin du repas. Optez pour une eau gazeuse pauvre en sodium et évitez d'en boire à chaque repas.

À RETENIR

1. Tous les sodas sont bien sûr interdits. Vous devez également limiter au maximum les sodas light qui contiennent de nombreux édulcorants de synthèse.
2. Les vins blanc et rosé sont tolérés, mais il est préférable de choisir un verre de vin rouge ou une coupe de champagne, du moins en phase I. En effet, ces deux derniers comportent des choses intéressantes :
   - le vin rouge contient des polyphénols qui sont de puissants antioxydants et ont la capacité d'augmenter la tolérance à l'insuline ;
   - la double fermentation du champagne entraîne une génération spontanée de vitamines et d'oligo-éléments : des polyphénols se développent alors qu'ils n'existaient pas dans le produit d'origine.
3. Limitez-vous à un seul verre de 10 cl au maximum, car une consommation supplémentaire en phase I pour-

rait compromettre l'amaigrissement. Il devra de plus être bu plutôt en fin de repas. Il ne faut en effet jamais boire d'alcool à jeun car l'alcool passe alors directement dans le sang. C'est pourquoi si vous buvez un verre de vin (ou de champagne) en guise d'apéritif, mangez impérativement quelque chose avant (protéines de préférence comme des amandes, des cacahuètes nature ou du fromage) afin de fermer le sphincter de l'estomac, le pylore et d'éviter ainsi une augmentation brutale de la glycémie.

ASTUCES

Vous pouvez réaliser un potage maison dans un repas GP. Cela ne vous prendra pas beaucoup de temps et vous serez sûr que tous les ingrédients sont autorisés. Tous les glucides à IG ≤ 50 peuvent entrer dans la composition de votre soupe : céleri branche, courgettes, lentilles, poireaux, pois cassés, tomates, mais aussi des vermicelles de blé ou de soja par exemple.

L'AVIS DE GUILLAUME DEVILLIERS

## La natation

*La natation est une activité adaptée pour la perte de poids et le renforcement musculaire. De plus, elle est complémentaire de la course à pied et de la marche, car elle fait travailler d'autres muscles. Comme pour le footing, vous devez gérer votre vitesse et l'intensité de votre effort.*

*Je vous conseille de démarrer avec 10 minutes et d'augmenter progressivement la durée. Vous pouvez aussi mesurer votre effort en distance, l'objectif étant de nager rapidement 1 km.*

*La pratique des différentes nages est excellente pour le corps, car elle sollicite les muscles différemment ; de plus, elle évite la monotonie.*

→

L'AVIS DE GUILLAUME DEVILLIERS

## La natation

### *Exemple d'une séance*

- *50 m en brasse*
- *50 m en crawl*
- *50 m en dos crawlé*

*Les 3 x 50 m s'enchaînent et vous pouvez réaliser deux à trois séries avec une récupération de 2 minutes entre les séries. Bien sûr, la distance peut être allongée.*

## L'aquagym

*Une autre activité aquatique est conseillée : l'aquagym. C'est une gymnastique douce qui se réalise en piscine, dans la mer, dans un lac. Avec ou sans accessoire, vous enchaînez des flexions, des battements de jambes, des ciseaux qui permettent de solliciter tout le corps.*

*Les avantages sont nombreux :*

- *aucun choc articulaire grâce à l'eau qui vous permet d'être plus léger.*
- *moins de courbatures.*
- *travail de la posture sur les muscles profonds du dos.*
- *travail intensif sur les cuisses et les fessiers.*
- *séance relativement courte (30 minutes suffisent pour être efficace).*

*Cette activité est tout particulièrement conseillée aux personne en surpoids important.*

# Le top 8 des aliments incontournables

- *L'agar-agar*
- *L'amande*
- *Le chocolat noir à 70 % de cacao minimum*
- *L'huile d'olive*
- *Le quinoa*
- *Les lentilles vertes*
- *Les pâtes Montignac à IG 10*
- *Le véritable pain intégral Montignac*

## 1. L'agar-agar

L'agar-agar, appelé *kanten* au Japon et *dongfen* en Chine, est un produit extrait d'algues rouges. Désigné par la mention E406 sur les étiquettes alimentaires, c'est le gélifiant naturel le plus puissant : son pouvoir gélifiant est huit fois supérieur à celui de la gélatine animale !

L'agar-agar est composé à 80 % de fibres végétales solubles qui, une fois ingérées, se gorgent d'eau jusqu'à tripler de volume. Elles prennent alors beaucoup plus de place dans l'estomac et procurent une importante sensation de satiété.

Ce liant naturel cache bien d'autres vertus : en plus d'être riche en fer, en phosphore et en calcium, il est source de nombreux oligo-éléments et antioxydants. Autre bonne nouvelle : l'agar-agar a un index glycémique de 15 ! Vous pouvez donc en user et en

**LE SAVIEZ-VOUS ?**

*On pourrait croire que l'agar-agar fait partie de ces nouveaux aliments qui ont vu le jour avec l'émergence des magasins bio. Détrompez-vous : l'agar-agar est un produit utilisé depuis des siècles par nos amis japonais !*

**ATOUT NUTRITIONNEL**

abuser pour confectionner des bavarois, des flans salés ou sucrés, des terrines mais aussi de la confiture.

CONSEIL

### Où le trouver ?

Vous le trouverez facilement en magasin bio. Il se présente bien souvent sous la forme d'une poudre blanche très fine, sans aucune saveur et inodore. L'agar-agar est aussi commercialisé en bâtonnets de 2 g.

### Comment l'utiliser ?

Il faut compter une dose de 2 g pour 1/2 litre de liquide ou de confiture par exemple. Vous obtiendrez le pouvoir gélifiant après avoir porté votre préparation à ébullition pendant quelques minutes et mis le tout à refroidir au réfrigérateur.

**Voir recettes :** *panna cotta au coulis de fruits rouges, petites crèmes aux amandes*

## 2. L'amande

Tout d'abord, elle a un IG très bas (15). C'est aussi l'un des fruits oléagineux les moins riches en acides gras et l'un des plus riches en fibres, essentiellement solubles. On peut donc consommer des amandes dans les deux types de repas de la méthode Montignac.

À RETENIR

Les graisses de l'amande sont surtout composées d'acides gras monoinsaturés qui contribuent à diminuer la glycémie, mais aussi d'un peu d'acides gras polyinsaturés qui sont peu stockables. Mais il a été démontré que la biodisponibilité (la quantité absorbée) de ces graisses était très limitée car les acides gras sont en quelque sorte « encapsulés » dans la paroi des cellules de l'amande – ils résistent ainsi aux attaques des enzymes digestives.

Lorsque les amandes sont finement broyées (poudre d'amande), on estime que 60 % de leurs acides gras ne sont pas assimilés ; si elles sont concassées, ce sont 85 % qui ne sont pas biodisponibles.

L'AVIS DE PATRICIA PAISANT

## Au sujet de l'amande

*Selon une étude[1], la consommation d'amandes conduit à une augmentation notable de la vitamine E, aussi appelée alpha-tocophérol, qui est un puissant antioxydant. Son rôle est essentiel car elle permet la protection des acides gras polyinsaturés présents dans les aliments. L'incorporation d'amandes dans un régime alimentaire permet d'atteindre les apports journaliers recommandés en vitamine E.*

*Un autre travail[2] a démontré qu'un régime alimentaire associant des amandes à d'autres aliments (poisson, soja, viande maigre, fibres solubles…) aide à réduire le LDL – ce que l'on appelle le « mauvais cholestérol ».*

*La vitamine E se retrouve en association avec d'autres antioxydants dans un grand nombre de compléments alimentaires. Ces associations peuvent être utilisées en fonction de leurs ingrédients pour répondre à des périodes de stress, de convalescence, pour combattre les effets nocifs de la pollution, du tabac, du soleil, d'une réaction inflammatoire, etc.*

1. *Journal of the Américan Dietetic, 2005, 105 ; 449-54.*
2. *American Journal of Clinical Nutrition, 2006, 83 ; 582-91.*

CONSEIL

L'amande nécessite une longue mastication, ce qui en fait l'aliment idéal pour accompagner les préparations semi-liquides comme les yaourts ou le fromage blanc égoutté mais aussi les fruits cuits.

ASTUCES

*La poudre d'amande est l'ingrédient idéal pour remplacer les farines dans les recettes de pâtisseries traditionnelles.*

C'est l'aliment idéal pour faire un repas sur le pouce à base de fruits. Deux pommes et une petite poignée d'amandes nature, le tout mastiqué dans les règles de l'art, ce peut être le contenu modeste mais suffisant d'un pique-nique organisé ou improvisé, si vous n'avez pas le temps d'en préparer un.

L'amande est un glucide à index glycémique très bas qui contient aussi des protéines. Elle est donc très efficace pour apaiser une petite faim.

## 3. Le chocolat noir à 70 % de cacao minimum

Le chocolat avec un minimum de 70 % de cacao a un index glycémique très bas (IG≤35). Il peut donc être consommé en phase I dans le cadre de la méthode Montignac.

À RETENIR

Vous êtes peut-être étonné que l'on puisse en consommer alors qu'il contient du sucre. S'il contient 70 % de cacao, il contient en effet de 25 à 29 % de sucre. En fait, comme le cacao contient beaucoup de fibres solubles, ces dernières ont pour effet de neutraliser le potentiel glycémique du sucre. La résultante glycémique du mélange (fibres de cacao + sucre) est donc très basse (22).

Si vous faites partie de ces personnes qui éprouvent le besoin de finir le repas par une petite note sucrée, vous pouvez donc vous accorder un ou deux carrés de chocolat noir à 70 % de cacao à la fin d'un repas protido-lipidique (déjeuner).

Pourquoi le chocolat fait-il partie des aliments incontournables de la méthode Montignac alors même qu'il contient une quantité importante de graisses saturées ? La réponse est simple : il a été démontré (Ancel Keys) que lors de la digestion, l'acide stéarique qui compose les graisses saturées du chocolat se transforme en acide oléique, le même acide gras que celui que l'on trouve dans l'huile d'olive. Ainsi, parmi les acides gras qui passent dans le sang après la consommation de chocolat, près de 70 % sont des acides gras monoinsaturés (donc de bonnes graisses). C'est pourquoi l'on peut affirmer désormais que le chocolat noir à 70 % de cacao minimum contribue à faire baisser le cholestérol et la glycémie.

LE SAVIEZ-VOUS ?

ATTENTION

*Le chocolat noir a un faible index glycémique mais il contient une quantité non négligeable de graisses. Vous devez donc l'éviter à la fin d'un repas glucido-protéique.*

## 4. L'huile d'olive

Prenons exemple sur nos voisins méditerranéens ! L'huile d'olive présente deux avantages majeurs lorsqu'elle fait partie de l'alimentation de tous les jours : elle permet de baisser la glycémie et elle est principalement composée d'acides gras monoinsaturés, ce qui diminue les facteurs de risques cardiovasculaires.

ASTUCES

*Mettez quelques gouttes d'huile d'olive dans l'eau de cuisson de vos pâtes et elles ne colleront pas.*

### Comment bien conserver l'huile d'olive ?

À l'abri de la chaleur et de la lumière et, idéalement, pour une période n'excédant pas deux ans. Assurez-vous que la bouteille est bien bouchée car l'huile d'olive a tendance à absorber les odeurs environnantes.

CONSEIL

### Comment l'utiliser ?

Vous pouvez assaisonner vos crudités, vos légumes ou vos poissons avec un filet d'huile d'olive. Vous pouvez aussi vous en servir pour faire revenir des légumes, des oignons ou pour la cuisson de vos viandes par exemple. L'huile d'olive est une très bonne base pour les marinades. Son goût prononcé ne plaît pas à tout le monde, mais sachez que la mayonnaise peut être réalisée avec cette huile. L'huile d'olive est d'ailleurs la base de la fameuse sauce aïoli.

**LE SAVIEZ-VOUS ?**

*Il faut généralement 4 à 5 kilos d'olives pour réaliser 1 litre d'huile. La qualité des olives utilisées peut varier considérablement d'une huile à l'autre, ce qui explique les écarts de prix importants.*

### Et la vinaigrette ?

Les proportions pour une bonne vinaigrette sont généralement 3 cuillères à soupe d'huile d'olive pour une cuillère à soupe de vinaigre. Vous pouvez ajouter une petite cuillère à café de moutarde (sans sucres ajoutés), du sel, du poivre et des herbes et/épices si vous le souhaitez.

## 5. Le quinoa

D'aspect, on pourrait croire que le quinoa est une céréale, au même titre que l'avoine, le blé, l'épeautre, l'orge ou encore le riz. Il est en effet associé et consommé comme tel. Mais ne vous y méprenez pas : cette plante, traditionnellement cultivée sur les hauts plateaux d'Amérique du Sud, fait partie de la famille des chénopodiacées, tout comme ses cousins les les betteraves, les blettes ou les épinards !

*Sa texture est semblable à celle du caviar et son goût se rapproche de celui du blé tendre, avec une légère note de noisette.*

À leur état naturel, les graines sont recouvertes d'une résine au goût amère : la saponine. Grâce à cette fine enveloppe protectrice, le quinoa ne nécessite aucun pesticide lors de sa culture. C'est d'ailleurs pour cette raison que les grains de quinoa bénéficient très souvent du label « agriculture biologique ».

LE SAVIEZ-VOUS ?

## Les glucides et les fibres

Si le quinoa présente une teneur en glucides très proche de celle de la majorité des céréales (70 %), le quinoa est un très bon allié minceur car son IG est seulement de 35 ! Sa valeur en fibres est de 10 % (contre 0,9 % pour le riz complet et 2,3 % pour le blé) – ce qui en fait un aliment presque aussi riche en fibres que la figue ! Le quinoa est très digeste et dépourvu de gluten, il est donc recommandé à toutes les personnes – elles sont de plus en plus nombreuses – intolérantes ou allergiques au gluten.

À RETENIR

*Un acide aminé essentiel est un acide aminé indispensable au bon fonctionnement de l'organisme mais qui ne peut pas être synthétisé par celui-ci. Il doit donc obligatoirement être apporté par l'alimentation.*

## Les protéines

C'est le seul produit végétal (avec le soja) qui contient l'ensemble des 9 acides aminés essentiels. Avec près de 15 % de protéines de haute qualité, une portion de 150 g de quinoa vous permet d'ingérer autant de protéines que dans un œuf ! Étonnant, n'est-ce pas ?

À RETENIR

*Vous l'avez compris, le quinoa est d'une richesse nutritionnelle incroyable et vous pouvez le consommer aussi bien au déjeuner qu'au dîner.*

CONSEIL

*Le quinoa remplacera avantageusement le riz dans vos salades ou la semoule de blé dur dans vos taboulés.*

### Les lipides

Le quinoa contient 6 % de matières grasses. C'est un aliment surprenant de par sa teneur en acides gras essentiels : il est incroyablement riche en acides gras insaturés (86,7 %) et les acides gras essentiels (acides linoléique et alpha-linolénique) comptent pour presque 50 % !

### Les minéraux

Sa teneur en fer est en moyenne plus élevée que celle de la plupart des céréales. De plus, ce fer est très bien assimilé par l'organisme. Le quinoa est également doté de deux fois plus de calcium, de potassium et de magnésium que le riz. Il contient aussi une quantité non négligeable de vitamines B1, B2, B3, B9 (acide folique), C et E.

**Voir recettes :** *salade de moules au curry, salade végétarienne de quinoa, paëlla au quinoa*

## 6. La lentille verte

C'est la légumineuse clé dans la méthode Montignac. Facile à cuisiner, économique et savoureuse, vous n'êtes pas un vrai Montifriendly si vous n'avez pas de lentilles vertes dans vos placards.

ATOUT NUTRITIONNEL

Elle est riche en protéines végétales, en fer, en vitamines du groupe B et en magnésium. On la compare d'ailleurs à un « bifteck végétal ».

À RETENIR

Sa richesse en fibres et la qualité de ses glucides lui confèrent un index glycémique très bas : 25. Et si vous la consommez froide, en salade, la lentille verte a un index glycémique encore plus bas : 20.

Cuisinez donc la lentille verte à toutes les sauces : en salade, en velouté ou tout simplement avec un oignon et un bouquet garni, en plat principal ou en accompagnement d'une viande ou d'un poisson.

**Voir recette :** *salade de lentilles*

**LE SAVIEZ-VOUS ?**

*Le fameux petit-salé aux lentilles est parfaitement autorisé dès la phase I.*

## 7. Les pâtes Montignac à 10

Les pâtes classiques intégrales cuites al dente ont un index glycémique compris entre 40 et 45. Lorsque vous suivez la phase I de la méthode Montignac, vous pouvez donc les consommer uniquement dans un repas glucido-protidique, c'est-à-dire sans huile d'olive et sans fromage. Ces spaghettis et tagliatelles Montignac à index glycémique très bas sont enrichis avec de puissantes fibres solubles prébiotiques, les inulines.

**ATOUT NUTRITIONNEL**

*L'inuline permet de baisser considérablement la glycémie, mais elle présente aussi l'avantage d'améliorer le confort digestif.*

Vous pouvez donc aujourd'hui vous régaler en consommant ces pâtes quand vous le souhaitez, agrémentées, selon vos envies, d'un peu d'huile d'olive et de parmesan par exemple ! Qui a dit que les pâtes ne faisaient pas maigrir ?!

**Voir recette :** *spaghettis aux coques*

## 8. Le véritable pain intégral Montignac

C'est le pain naturel qui a l'index glycémique le plus bas au monde : 34. Cet index glycémique a été calculé par un laboratoire agréé. Ce pain est fabriqué selon un cahier des charges spécifique (mis au point par

**ASTUCES**

*Vous pouvez toaster votre pain. Cela contribue à diminuer un peu son index glycémique.*

**ATTENTION**

*Ne prenez pas de pain complet car il est juste un peu moins raffiné que le pain blanc et son index glycémique est donc trop élevé : 65.*

**À RETENIR**

Michel Montignac lui-même) avec une farine très spéciale (farine intégrale de meule à mouture lente et à grosse granulométrie) et du levain naturel élaboré selon des techniques ancestrales. Ce n'est pas le cas de la majorité des pains dits « à la farine intégrale » que vous trouvez en magasins bio et qui ont un index glycémique compris entre 45 et 65.

Plus la granulométrie de la farine est grosse, plus l'index glycémique de celle-ci est basse. L'utilisation d'un levain naturel et un long processus de fabrication participent à la baisse de l'index glycémique du pain.

*Comment se procurer le véritable pain intégral Montignac ? Il y a deux moyens pour se procurer ce pain aux qualités exceptionnelles :*

- *soit vous le trouvez dans une des boutiques bio faisant partie du réseau « Véritable pain intégral Montignac » dont vous pouvez télécharger la liste sur le site www.montignac.com, rubrique « Le Shop » puis « Le véritable pain intégral Montignac ». Comme c'est un produit frais, je vous invite à toujours le commander avant de vous déplacer, car toutes les boutiques ne l'ont pas en stock ;*
- *soit vous le commandez directement sur le site : www.pain-integral-montignac.com. Il existe aussi une version longue conservation (50 jours) que vous pouvez commander en suivant le lien : http://shopping.aujourdhui.com/pain-integral-montignac.html*

**Voir recette :** *bruschetta gratinée*

# La méthode Montignac selon votre profil

Vous pensez sûrement, à juste titre, que l'alimentation ne peut pas être la même pour un jeune sportif et pour une femme enceinte. Bonne nouvelle, la méthode Montignac est un mode alimentaire parfaitement équilibré qui convient donc à tout le monde. Voici cependant quelques conseils pour vous permettre d'ajuster vos apports en fonction de votre profil.

L'AVIS DE GUILLAUME DEVILLIERS

### La méthode Pilates

*La méthode Pilates est basé sur le renforcement des muscles faibles et profonds ainsi que sur la posture. Il se décompose en huit principes de bases : la concentration ; le contrôle ; le centre de gravité ; la respiration ; la fluidité ; la précision ; l'enchaînement ; l'isolement.*

*Cette technique permet de rééquilibrer les muscles du corps, d'avoir un physique harmonieux, d'augmenter la souplesse, le placement du système digestif et de maintenir un ventre plat grâce au travail sur les muscles de la respiration et le plancher pelvien.*

*La méthode Pilates est adapté et conseillé pour tous : les sédentaires, car il s'agit d'exercices doux et sans impact articulaire, les sportifs car il permet de meilleurs placements, les seniors car il soulage des douleurs chroniques notamment du dos et surtout les femmes, car dans tous les exercices, les fessiers, les abdos et les dorsaux sont sollicités.*

*Pour pratiquer la méthode Pilates, il est conseillé, dans un premier temps, de se faire encadrer par un professionnel afin de maîtriser les différents exercices.*

ATTENTION

*Supprimez bien évidemment toutes les boissons alcoolisées pendant la grossesse.*

## Si vous êtes enceinte

Le suivi de la méthode Montignac est tout à fait compatible avec la grossesse. La méthode est même recommandée pour limiter la prise de poids et prévenir les risques de diabète gestationnel et d'hyperinsulinisme chez l'enfant. Car on sait aujourd'hui que l'hyperglycémie provoquée par la consommation de glucides à index glycémique élevé traverse la barrière placentaire.

L'AVIS DE PATRICIA PAISANT

### Le fer et la grossesse

*La carence en fer est la déficience nutritionnelle la plus fréquente au monde et elle concerne une grande partie de la population française. Sa prise en charge nécessite le plus grand soin, tant dans le choix de la forme du fer pour une assimilation optimale que dans la préparation de l'intestin pour une bonne absorption.*

*En Europe, on observe un statut en fer bas chez 10 à 40 % des femmes enceintes même si seulement 1 à 3 % d'entre elles présentent une véritable anémie. La grossesse augmente fortement les besoins en fer !*

*Il faut donc orienter l'alimentation vers des produits riches en fer (viandes, légumineuses, abats, poisson) et supplémenter si nécessaire avec un complément alimentaire à base de fer facilement assimilable. L'association avec un mélange de probiotiques est judicieuse pour préparer l'intestin à une bonne assimilation du fer.*

### Les quantités

Une femme enceinte ne doit pas manger deux fois plus mais deux fois mieux. Un régime hypocalorique est en revanche fortement déconseillé si vous êtes enceinte.

Vous avez en effet besoin d'un apport énergétique correct pendant cette période.

CONSEIL

*Pensez à bien vous hydrater en buvant 1,5 à 2 litres d'eau par jour. Choisissez des eaux minérales riches en calcium et en magnésium.*

## Augmentez l'apport en acides gras oméga-3

Pour assurer le bon développement du fœtus (notamment au niveau du système nerveux), il est important d'avoir un bon équilibre oméga-6/oméga-3. Ce ratio devrait être aux alentours de 5 (5 portions d'oméga-6 pour 1 portion d'oméga-3) alors qu'il se trouve aujourd'hui aux alentours de 18. Consommez donc davantage de produits de la mer, d'huile d'olive, de colza, de graines de lin et de fruits oléagineux (amande, noisette, noix, pignons de pin, pistache, sésame). Limitez les sources d'oméga-6 comme les huiles de maïs, de pépins de raisin et de tournesol.

L'AVIS DE PATRICIA PAISANT

### Oui aux oméga-3 marins pendant la grossesse

*Le développement du cerveau et du système neuronal de l'enfant nécessite un apport adéquat en acides gras essentiels oméga-3. Le cerveau est l'organe le plus gras de notre corps et ses membranes sont constituées d'un tiers d'acides gras polyinsaturés dont la moitié sont des oméga-3 devant être apportés par notre alimentation.*

*Des études ont montré qu'un régime riche en oméga-3 chez la femme enceinte et pendant l'allaitement était bénéfique pour l'enfant à venir, avec une incidence positive sur son acuité visuelle et son développement moteur et cognitif.*

*L'apport de compléments alimentaires à base d'oméga-3 est utile car les besoins en oméga-3 ne sont malheureusement pas toujours couverts par notre alimentation moderne.*

→

L'AVIS DE PATRICIA PAISANT

### Oui aux oméga-3 marins pendant la grossesse

*Les enquêtes sur la consommation française (SU.VI.MAX et INCA) montrent un apport très en dessous des apports nutritionnels conseillés, avec des valeurs de 50 à 80 % en dessous de recommandations.*

*Il faudra privilégier les compléments avec des huiles de poissons des mers froides riches en oméga-3 et préférer les petits poissons (sardines, maquereaux, anchois...), beaucoup moins pollués que les gros poissons – ces derniers se trouvant en fin de chaîne alimentaire.*

## Les fibres et les probiotiques

Pour vous assurer un transit régulier, veillez à bien consommer des fibres solubles (fruits, légumes, céréales complètes) et des produits fermentés fabriqués à partir de soja, de lait de brebis, de chèvre ou de vache.

À RETENIR

Une femme de corpulence normale ne devrait pas prendre plus de 10 kg pendant la grossesse. Quant à une femme en surpoids, elle devrait se limiter à une prise de 7-8 kg.

L'AVIS DE PATRICIA PAISANT

### Les probiotiques : « pour la vie »

*La notion de probiotique, du grec probios « pour la vie », a vu le jour au début du XXe siècle grâce à Elie Metchnikoff, Prix Nobel russe de médecine (1908), qui avait établi une corrélation entre l'espérance de vie des Bulgares et leur consommation de produits laitiers fermentés.*

→

L'AVIS DE PATRICIA PAISANT

### Les probiotiques : « pour la vie »

*Un probiotique est une préparation contenant des micro-organismes bactériens vivants et en nombre suffisant, capables d'exercer des effets bénéfiques sur la santé de l'hôte en améliorant l'équilibre de sa flore microbienne intestinale.*

*La prise de compléments alimentaires à base de probiotiques aide à maintenir une bonne fonction d'assimilation, de digestion, mais permet également de soutenir nos défenses immunitaires.*

*De récentes publications ont démontré le rôle de la flore intestinale dans l'obésité et la survenue de diabète. La mission de nos intestins est donc bien plus complexe que l'on pouvait l'imaginer il y a encore quelques dizaines d'années, et sa bonne santé est au premier plan des préoccupations pour tous les professionnels de la nutrition.*

## Les vitamines

On constate souvent des carences en vitamines chez la femme enceinte. Voici celles qui sont indispensables et qu'il est parfois utile de donner en complément :

- La vitamine C : fenouil, fruits et légumes colorés, kiwi, persil, raifort.
- La vitamine E : amandes, céréales complètes, germe de blé.
- La vitamine B6 : foie de veau et de bœuf, germe de blé, lentilles, levure de boulanger, certains poissons (maquereau, sardine, saumon, thon), poulet, riz complet.
- La vitamine B9 : chicorée, choux, endives, épinards, farine de soja, fenouil, foie de poulet, de bœuf et

LE SAVIEZ-VOUS ?

*Pour éviter les carences en vitamine B9, des pays comme les États-Unis et le Canada enrichissent certains de leurs aliments de cette vitamine.*

de veau, germe de blé, haricots verts, jaune d'œuf, levure de boulanger, poulet.

- La vitamine B12 : crabe, foie, huîtres, rognons, sardine, thon.

L'AVIS DE PATRICIA PAISANT

### Les folates ou vitamine B9

*La vie des femmes est rythmée par leur fonction hormonale, et la période de conception limitée par une horloge biologique. La vie professionnelle est présente pour beaucoup et nombreuses sont les femmes qui reculent l'âge de la maternité. Pour se préparer à une grossesse agréable et voir se réaliser ce projet familial, il est important d'avoir un excellent équilibre nutritionnel. La fertilité peut être altérée par certains déséquilibres alimentaires.*

*Des travaux récents soulignent un meilleur taux de conception chez les femmes qui se supplémentent en multivitamines, mais également une amélioration des troubles ovulatoires pour celles utilisant des compléments alimentaires.*

*Les relations entre vitamine et santé sont bien établies en ce qui concerne les folates ou vitamine B9. Sa carence est fréquente et touche 80 % des femmes enceintes. Ce déficit peut entraîner des conséquences importantes chez l'embryon ou l'enfant (spina bifida, retard de croissance…). Les fruits et les légumes constituent environ 60 % des apports et la vigilance est de règle. Il est important de surveiller les apports en cas de grossesses rapprochées ou de maigreur. Une complémentation idéale doit débuter dès le projet de grossesse et être maintenue pendant les 4 à 8 premières semaines de grossesse.*

*Des formules de compléments alimentaires avec vitamines B9, fer et probiotiques peuvent être pratiques en cas de supplémentations conjointes autour de cette période de recharge.*

Certains changements métaboliques rendent la femme enceinte beaucoup plus sensible au jeûne. Une demi-journée de jeûne chez une femme enceinte équivaut à une semaine chez une femme qui n'attend pas d'enfant. Il est donc primordial de ne pas sauter de repas si vous êtes enceinte.

LE SAVIEZ-VOUS ?

## Si vous allaitez

Une femme allaitante produit environ 80 cl de lait par jour. Cela ne veut pas dire qu'il faut que vous mangiez plus si vous allaitez, mais ce que vous mangez influence directement ce que reçoit votre nourrisson.

LE SAVIEZ-VOUS ?

*L'allaitement maternel permettrait de réduire la cellulite.*

### Le calcium

Par son lait, la femme allaitante transmet 200 à 300 mg de calcium à son bébé. Il faut donc augmenter les apports mais pas avec les produits laitiers, pour les raisons que vous connaissez déjà. Parsemez vos aliments de graines de sésame, augmentez vos rations de légumes verts et de légumineuses (lentilles, flageolets) et choisissez des eaux riches en calcium.

ATTENTION

*Pensez bien à vous hydrater en buvant de l'eau tout au long de la journée. L'idéal serait de boire 1 litre de plus qu'en temps normal.*

### Le magnésium

Lorsque vous allaitez, vos besoins en magnésium sont de 400 mg par jour. Vous trouverez ce minéral dans les amandes nature, les céréales complètes, les fruits secs (abricots, figues, pruneaux), les légumes verts, les légumineuses (surtout les lentilles) ou encore le soja.

L'AVIS DE GUILLAUME DEVILLIERS

## Le dos

*Le renforcement du dos est indispensable afin d'avoir une posture correcte et de limiter tous les problèmes biomécaniques. Lorsqu'une personne perd du poids, sa posture est modifiée. Il est important de travailler sur un bon positionnement et un renforcement des muscles profonds de la colonne vertébrale. De plus, un dos renforcé permet de maintenir un ventre plat.*

### *Le renforcement statique*

***Objectif :*** *rester 15 secondes en statique, le dos parfaitement droit. Vous êtes assis soit sur une chaise soit au sol. Essayez de vous grandir en poussant la tête vers le haut. Mon conseil est de travailler devant un miroir pour modifier son placement si nécessaire. Réalisez trois séries.*

### *Le renforcement debout ou sur les genoux*

***Objectif :*** *tenez la position 10 secondes devant un miroir. Vous devez essayer de vous grandir en poussant dans les bras. Les abdos doivent être contractés un minimum afin de pouvoir exécuter le mouvement correctement. Réalisez trois séries.*

### *Le gainage*

***Objectif :*** *En appui sur les coudes et sur les pieds, dos parfaitement droit, abdos contractés et bassin aligné avec les épaules. Tenez 15 secondes et augmentez de 5 secondes à chaque séance, jusqu'à atteindre 1 minute. Réalisez deux à trois séries.*

***Variante :*** *avec une jambe en l'air, essayez de tenir 15 secondes sur chaque jambe.*

***Autre variante :*** *sur le côté, tenez 15 secondes sur chaque côté. Le coude doit être aligné sous l'épaule. Réalisez trois séries.*

## Le zinc

Les apports journaliers en zinc sont souvent insuffisants alors que les besoins augmentent lorsque vous allaitez. Les sources les plus importantes sont les céréales complètes, les graines, les huîtres et autres fruits de mer, les noix et les légumineuses.

L'AVIS DE GUILLAUME DEVILLIERS

### La marche active

*Tout le monde sait qu'il faut courir ou pratiquer une activité sur une longue durée pour affiner sa silhouette. Car le sport ne fait pas maigrir directement. Le fait de pratiquer une activité cardio-vasculaire permet d'augmenter la dépense énergétique et affine la silhouette. Cependant, le travail d'endurance demande une certaine connaissance de soi. On ne s'improvise pas coureur à pied si l'on n'a jamais couru.*

*C'est pourquoi je vous conseille de commencer par la marche active. Cette activité est beaucoup moins traumatisante que la course, elle permet de travailler sur un plan cardio-vasculaire, de contrôler son poids et de se remettre au sport. De plus, elle est très simple à réaliser. Il suffit d'augmenter l'amplitude de vos pas ainsi que de tirer plus sur vos bras tout en contractant les fessiers. Pour être efficace, la marche doit être pratiquée de façon régulière (2 fois par semaine au minimum). En ce qui concerne la durée, allez-y progressivement. Commencez par 20 minutes puis augmentez de 5 minutes toutes les semaines. Une marche de 45minutes aura des effets significatifs sur votre silhouette.*

CONSEIL

- *Montez les escaliers au lieu de prendre l'ascenseur.*
- *Au lieu de prendre votre voiture pour une course de 5 minutes, utilisez plutôt vos jambes.*
- *Marchez en couple, en groupe, avec des amis afin que ce soit un moment convivial.*

## Si vous êtes végétarien(ne)

Vous pouvez parfaitement être végétarien(ne) et appliquer les principes de la méthode Montignac. Voici quelques conseils pour ne manquer de rien.

### Un bon équilibre en acides aminés essentiels

**ATOUT NUTRITIONNEL**

*Le quinoa et l'amarante sont parfaitement équilibrés en acides aminés essentiels.*

Les céréales (pâtes, riz, semoule) ou les légumineuses (flageolets, lentilles, pois chiche) prises séparément ne sont pas équilibrées en acides aminés essentiels. En revanche, lorsqu'elles sont consommées ensemble, les carences de l'une sont comblées par les apports de l'autre. Il est donc primordial de toujours consommer des céréales et des légumineuses au cours du même repas ou tout au moins de la même journée.

### L'œuf, une excellente source de protéines

**ASTUCES**

*Choisissez des œufs bio car les poules sont nourries aux graines de lin, riches en oméga-3.*

Les protéines de l'œuf sont de très haute qualité et elles sont parfaitement absorbées par l'organisme. L'œuf est aussi particulièrement riche en vitamines (A, du groupe B, D et E), en minéraux (phosphore, sélénium, zinc) et en antioxydants (lutéine, zéaxantine). L'œuf est également une très bonne source de choline, un composé qui joue un rôle dans la mémoire.

**LE SAVIEZ-VOUS ?**

L'œuf a longtemps été limité car il contient beaucoup de cholestérol. Mais en réalité, les lécithines du jaune d'œuf absorbent ce cholestérol. Vous pouvez donc consommer des œufs, même en cas d'hypercholestérolémie.

## Les laitages

Pour la majorité des végétariens, les laitages et fromages seront également une bonne source de protéines. Cependant, comme nous l'avons dit précédemment, le petit-lait (lactosérum) contient des protéines insulinogènes. Il faudra donc limiter votre consommation de laitages frais au lait de vache à une portion dans la journée. Les fromages fermentés à pâte dure sont en revanche parfaitement autorisés.

Consommez le soja sous toutes ses formes : yaourts, boissons, tofu, tofu soyeux, protéines de soja texturées… Les protéines du soja sont aussi bien absorbées par l'organisme que celles de la viande ou du poisson. Faites donc de cet aliment votre allié pour une alimentation équilibrée 100 % végétarienne.

**CONSEIL**

*Pensez aux fruits oléagineux qui, en plus d'avoir un index glycémique bas, sont également une très bonne source de protéines végétales.*

**ATOUT NUTRITIONNEL**

## Si vous êtes sportif(ve)

La pratique régulière d'une activité sportive contribue indirectement à la perte de poids : le sport augmente le métabolisme de base (la dépense énergétique au repos) et il améliore la sensibilité à l'insuline, ce qui diminue les risques d'hyperinsulinisme. Or, comme vous le savez maintenant, cet hyperinsulinisme est un des facteurs essentiels de la prise de poids. Cependant, tous ces effets sont valables uniquement si vous avez, en parallèle, une alimentation équilibrée comme la méthode Montignac.

**LE SAVIEZ-VOUS ?**

*Depuis un quart de siècle environ, la pratique régulière d'une activité sportive a doublé alors que l'obésité a triplé.*

L'AVIS DE PATRICIA PAISANT

*La surconsommation de féculents et de protéines, souvent plébiscités par les sportifs, entraîne une acidification de l'organisme qui puise dans ses réserves en minéraux (magnésium, calcium, potassium…) et en vitamines du groupe B pour faire face à cet excès de déchets acides. De plus, les déchets azotés produits par l'organisme pendant un effort renforcent cette acidification. Une fatigue importante, des crampes, des tendinites, une déminéralisation et des perturbations de l'équilibre intestinal peuvent en résulter.*

*L'utilisation de compléments alimentaires alcalinisants peut se révéler un complément idéal des périodes d'entraînement sportif mais aussi en période de régime, de croissance, de ménopause…*

*On choisira des formules qui associent le lithothamne, algue dure riche en magnésium et calcium facilement assimilables, aux vitamines du groupe B. Ces formulations seront conjointes à une alimentation abondante en fruits et légumes, qui apporte une bonne charge alcaline à l'organisme.*

*Ces associations permettront de préserver les réserves en calcium et en magnésium et de retrouver un équilibre acido-basique, indispensable au bon fonctionnement de l'organisme.*

## La veille d'une compétition

Je vous conseille de faire un dîner à base de glucides à index glycémique bas (pâtes intégrales ou à IG très bas, semoule intégrale, quinoa ou légumineuses telles que lentilles, pois chiches…). Cette alimentation riche en « bons » glucides vous aidera à maintenir votre effort sur la durée.

L'AVIS DE GUILLAUME DEVILLIERS

## Les abdominaux

*Que l'on pratique la course à pied, la marche, la natation, un sport collectif ou autre, il est primordial de renforcer ses abdominaux. Ils nous permettent tout simplement de tenir debout et de faire le lien entre le haut et le bas du corps. Ils protègent nos viscères et contrôlent notre posture.*

CONSEIL

*Pour le renforcement des abdominaux, privilégiez la fréquence des séances plutôt que la durée. Travaillez 5 minutes tous les jours (ou au minimum 4 fois par semaine, notamment au début) plutôt que de faire des séances trop longues que vous ne répéterez pas assez souvent par manque de temps et d'envie.*

### *Le relevé de buste*

*L'exercice est simple mais attention de ne pas trop tirer sur la nuque. Fixez un point au plafond et mettez vos mains derrière la tête afin de la porter. Les abdominaux doivent être contractés en montant et en descendant les épaules. Les pieds sont au sol ou en l'air pour garder le bas du dos collé au tapis. L'expiration se fait lors de la montée. Réalisez deux séries de quinze à trente répétitions.*

### *Le relevé de bassin*

*Cet exercice permet de travailler plutôt sur la partie inférieure des abdominaux. L'objectif est de ramener les genoux vers la poitrine en les contractant. Attention de ne pas descendre les jambes trop bas afin de ne pas créer de tension dans la partie lombaire (bas du dos). Réalisez deux séries de quinze à trente répétitions.*

***Variante :*** *décollez les épaules pendant l'exercice.*

### *Les obliques*

*Les obliques permettent tous les mouvements de rotation du buste. Pour les travailler, venez toucher votre genou opposé avec votre coude. Réalisez dix répétitions d'un côté puis inversez. Faites deux séries sur chaque côté.*

## Le matin même

Prenez votre petit déjeuner trois heures au minimum avant la séance de sport. Vous mangerez des fruits secs (abricots, figues, pruneaux), du pain intégral avec de la marmelade de fruits sans sucres ajoutés et/ou des céréales non raffinées, sans sucre, avec des yaourts au soja qui peuvent éventuellement être sucrés au fructose.

## Pendant l'effort

Pour ne pas tomber en panne sèche, mangez des fruits secs ou des barres énergétiques spéciales à IG bas comme les barres Maxi Fruits Montignac.

L'AVIS DE GUILLAUME DEVILLIERS

### Le footing

*Pour les personnes qui sont déjà plus entraînées, le footing est bien adapté. Il se réalise à vitesse modérée, sur une durée d'au moins 40 minutes. Cependant, pour les personnes sédentaires, l'objectif sera de commencer par un effort de 15 minutes puis, au fil des séances, d'arriver à courir 40 minutes et plus. N'hésitez pas à ralentir ou à marcher un moment si vous sentez, au cours du footing, que vous manquez d'oxygène. L'alternance footing/marche active est un excellent compromis pour commencer.*

CONSEIL

*• Pour la pratique de la course à pied, voyez d'abord votre médecin afin de faire un bilan pour savoir si vous êtes apte à courir.*
*• Pour les plus « mordus », un test d'effort est conseillé afin de pratiquer en toute sécurité.*
*• L'utilisation d'un cardiofréquencemètre est souhaitable pour pouvoir contrôler et surveiller son rythme cardiaque.*
*Le footing, la marche active ou nordique se réalisent avec des chaussures adaptées et confortables.*

### Et pour les enfants ?

*Les petits peuvent parfaitement suivre la méthode Montignac mais de façon beaucoup plus souple. Si votre enfant a un léger surpoids, le but n'est pas de le mettre au régime mais plutôt de lui éviter une prise de poids supplémentaire. Voici quelques conseils :*

- *Choisissez des laitages nature car ceux pour enfants sont beaucoup trop sucrés. Pour le petit déjeuner, vous pouvez lui donner 250 ml de lait avec moitié lait de vache et moitié lait d'amande.*
- *Limitez les céréales et les gâteaux industriels hyperglycémiants. Ils doivent rester occasionnels et ne pas faire partie de l'alimentation de tous les jours. Préférez donc, dès l'enfance, les céréales brutes que vous trouverez en magasins bio.*
- *À défaut d'un pain intégral, choisissez une bonne baguette artisanale mais évitez à tout prix les pains de mie et autres variétés industrielles.*
- *Un enfant sans problème de poids peut tout aussi bien suivre la méthode Montignac. Cette dernière lui apportera tous les nutriments dont il a besoin pour sa croissance et pourra même, dans certains cas, prévenir un risque de surcharge pondéral future.*

L'AVIS DE GUILLAUME DEVILLIERS

### La marche nordique

*La marche nordique est un autre concept de marche active. Elle consiste à marcher tout en augmentant le balancier des bras grâce à deux bâtons qui permettent de propulser son corps vers l'avant.*

→

L'AVIS DE GUILLAUME DEVILLIERS

### La marche nordique (suite)

*Cette marche est plus intense car elle permet de travailler, en plus des cuisses et des fessiers, les muscles du haut du corps. Je vous conseille de passer à cette activité à partir du moment où vous pouvez tenir une marche active de 45 minutes. C'est un bon moyen d'augmenter la difficulté. De nombreuses associations existent maintenant en France ; elles permettent de pratiquer la marche nordique en groupe et de découvrir de nouveaux parcours.*

L'AVIS DE GUILLAUME DEVILLIERS

### Le sport, c'est la santé !

*Eh oui faire du sport pour contrôler son poids ou affiner sa silhouette, ce n'est pas une idée reçue. L'activité physique aide indirectement à mincir. Le sport sculpte votre corps en diminuant les graisses et favorise le bien-être physique et psychologique.*

*Cependant, il n'est pas simple de commencer une activité sportive quand on est sédentaire. Vous êtes motivé, mais au bout d'une semaine, vous ne pouvez plus marcher à cause de douleurs musculaires, vous ressentez une grande fatigue, vous avez des étourdissements après une séance de cardio, pire la motivation est déjà partie et vous pensez que le sport, ce n'est pas pour vous. C'est faux ! Tout le monde peut en faire, il faut juste éviter de placer la barre trop haut. La pratique du sport demande des règles. Les séances doivent être adaptées à votre niveau de base. La charge d'entraînement augmente de façon régulière et constante. Les entraînements doivent être planifiés dans votre semaine. Et surtout, vous devez être persévérant. Il est normal que vous ayez quelques douleurs musculaires mais dans un premier temps, il faut qu'elles soient supportables pour que la motivation reste intacte.*

# 2

# 120 recettes minceur montignac

**LE CONSEIL DU CHEF**

*Vous pouvez consommer ces blinis avec du saumon fumé et même une pointe de crème si vous le souhaitez.*

# Blinis

Pour 4 personnes • Préparation : 10 min • Cuisson : 4 min

*Ingrédients*

- *200 g de farine de pois chiches*
- *20 cl de lait de soja*
- *1/2 sachet de levure de boulanger*
- *1 cuil. à soupe de fructose*
- *1 œuf*
- *1 cuil. à soupe d'huile d'olive*
- *sel*

## Réalisation

Dans un saladier, mélangez la farine de pois chiches, le lait de soja tiède, une pincée de sel, la levure et le fructose. Couvrez et laissez reposer cette pâte 30 minutes à température ambiante.

Séparez le jaune du blanc d'œuf et ajoutez le jaune à la pâte.

Montez le blanc en neige avec une pincée de sel. Ajoutez-le délicatement à la pâte à l'aide d'une spatule.

Faites cuire les blinis 2 minutes de chaque côté dans une poêle très chaude, légèrement huilée.

## Bouchées de concombre aux œufs de saumon

Pour 4 personnes • Préparation : 10 min • Réfrigération : 1 h

*Ingrédients*

- *1 concombre*
- *200 g d'œufs de saumon*
- *100 g de fromage de chèvre frais*
- *1 cuil. à soupe de jus de citron*
- *2 cuil. à soupe d'aneth frais haché*
- *2 cuil. à soupe de ciboulette fraîche hachée*
- *quelques brins de ciboulette et d'aneth pour la décoration*
- *poivre*

**Réalisation**

Dans un petit bol, mélangez le fromage de chèvre, le jus de citron, l'aneth, la ciboulette et poivrez.

Réservez au réfrigérateur pendant au moins 1 heure.

Avant de servir, mélangez les œufs de saumon avec cette préparation.

Épluchez le concombre, ôtez les extrémités et coupez-le en tranches suffisamment épaisses.

Déposez sur chaque tranche de concombre une cuillère du mélange précédent. Décorez d'aneth et de ciboulette.

LE CONSEIL DU CHEF

*Délicieuses à l'apéritif, ces petites tartines grillées feront aussi merveille avec une salade verte.*

## Bruschetta gratinée

Pour 4 personnes • Préparation : 10 min • Cuisson : 5 min

*Ingrédients*

- *4 tranches de véritable pain intégral Montignac (40 g environ chacune)*
- *1 poivron orange*
- *1 oignon*
- *2 tomates*
- *100 g de fromage manchego (ou de comté)*
- *1 cuil. à soupe d'huile d'olive*
- *1 cuil. à soupe de basilic frais haché*
- *1 cuil. à soupe de persil frais haché*
- *quelques gouttes de Tabasco*
- *sel, poivre*

### Réalisation

Lavez puis émincez le poivron. Épluchez et émincez l'oignon. Lavez les tomates et faites-les blanchir 1 minute dans de l'eau bouillante. Égouttez-les et pelez-les.

Dans une poêle antiadhésive, faites chauffer 1 cuillère à soupe d'huile d'olive et ajoutez le poivron, l'oignon et les tomates. Faites cuire pendant quelques minutes tout en mélangeant.

Assaisonnez avec du sel, du poivre, du persil et du Tabasco.

Sortez votre grille du four et recouvrez-la de papier sulfurisé. Disposez-y les tranches de pain Montignac.

Préchauffez le gril de votre four.

Coupez des copeaux de fromage et disposez-les sur les tartines. Ajoutez sur chaque tartine une cuillère à soupe de garniture (poivron, tomates, oignon).

Enfournez quelques minutes jusqu'à ce que le fromage soit fondu et le pain légèrement grillé.

Parsemez de basilic.

## Canapés de magret de canard fumé

Pour 4 personnes • Préparation : 10 min • Cuisson : 5 min

*Ingrédients*

- *8 tranches de magret de canard fumé*
- *4 œufs*
- *3 cuil. à soupe de crème de soja cuisine*
- *70 g de mesclun*
- *1 cuil. à soupe d'huile de noix*
- *1 cuil. à café de vinaigre balsamique*
- *2 cuil. à soupe de graines de sésame*
- *1 cuil. à soupe d'huile d'olive*
- *sel, poivre*

### Réalisation

Dans un saladier, battez les œufs en omelette, ajoutez la crème de soja, salez et poivrez.
Faites chauffez l'huile d'olive dans une grande poêle et versez-y la préparation.
Laissez cuire à feu moyen tout en ramenant les bords cuits vers le centre. L'omelette doit rester crémeuse sur le dessus. Faites-la glisser dans une assiette et laissez-la refroidir.
Dans un bol, mélangez le mesclun nettoyé, l'huile de noix, le vinaigre balsamique, les graines de sésame, salez et poivrez.
Découpez l'omelette en huit canapés. Ajoutez un peu de mesclun assaisonné sur chaque canapé puis une tranche de magret. Réservez au frais avant de servir.

**LE CONSEIL DU CHEF**

*(ou Variante)*
*Cette recette peut aussi être réalisée avec du saumon fumé.*

## Champignons à l'ail et au persil

Pour 4 personnes • Préparation : 10 min • Cuisson : 15 min

*Ingrédients*

- *500 g de champignons de Paris*
- *4 gousses d'ail*
- *2 cuil. à soupe d'huile d'olive*
- *2 cuil. à soupe de persil frais haché*
- *sel*
- *poivre*

### Réalisation

Lavez, équeutez et pelez les champignons. Coupez-les en deux ou en quatre selon leur taille. Faites-les cuire à feu doux dans une grande poêle. Surveillez la cuisson afin qu'il y ait toujours un peu d'eau dans la poêle.
Épluchez et hachez finement les gousses d'ail. Quand il n'y a presque plus d'eau dans la poêle des champignons, ajoutez l'ail et l'huile d'olive.
Montez un peu le feu et laissez la cuisson se prolonger 5 à 7 minutes en remuant de temps en temps.
Salez, poivrez et parsemez de persil frais haché avant de servir.

**LE CONSEIL DU CHEF**

*Ces champignons peuvent être servis lors de l'apéritif, mais aussi en accompagnement d'une viande ou d'un poisson.*

## Chorizo au vin rouge

Pour 5 personnes • Préparation : 5 min • Cuisson : 15 min

*Ingrédients*

- *1 chorizo piquant*
- *40 cl de vin rouge*
- *1 branche de thym*

### Réalisation

Dans une petite casserole, versez le vin rouge et la branche de thym. Ajoutez le chorizo préalablement piqué à la fourchette et laissez cuire 10 minutes à feu moyen. Retirez le chorizo et réservez au chaud. Retirez la branche de thym de la casserole. Laissez réduire le vin rouge jusqu'à obtention d'un sirop épais. Coupez le chorizo en rondelles fines et arrosez de sirop de vin. Servez aussitôt.

## Crème d'aubergines

Pour 6 personnes • Préparation : 15 min • Réfrigération : 30 min

*Ingrédients*

- *4 aubergines*
- *2 yaourts au soja*
- *2 cuil. à soupe d'huile d'olive*
- *3 gousses d'ail*
- *sel, poivre*

### Réalisation

Faites cuire les aubergines entières au four à 180 °C (th.6) pendant 30 minutes. Coupez-les en deux, retirez la pulpe, placez-la dans un saladier. Ajoutez l'huile d'olive et mélangez bien en écrasant avec une fourchette. Pelez les gousses d'ail et écrasez-les. Ajoutez-les à la préparation, mélangez et incorporez les yaourts. Salez et poivrez, mélangez bien. Réservez 1 heure au frais avant de servir.

**LE CONSEIL DU CHEF**

***Vous pouvez ajouter un filet de jus de citron.***

## Cuillères de pétoncles au soja

Pour 4 personnes • Préparation : 10 min • Réfrigération : 1 h

*Ingrédients*

- *24 pétoncles surgelés non préparés (ou des petites noix de coquilles Saint-Jacques)*

*Pour la marinade*

- *20 cl de sauce soja*
- *le jus d'un citron vert*
- *2 cuil. à soupe de baies roses*
- *4 cuil. à soupe de coriandre fraîche hachée*
- *quelques feuilles de coriandre pour la décoration*

### Réalisation

Préparez la marinade en mélangeant tous les ingrédients. Ajoutez les pétoncles et laissez mariner 1 heure au réfrigérateur.

Dressez 3 pétoncles par cuillère et arrosez-les du reste de la marinade.

Décorez chaque cuillère de feuilles de coriandre fraîche. Servez aussitôt.

## Feuilles d'endive à la crème de thon

Pour 4 personnes • Préparation : 10 min • Réfrigération : 30 min

*Ingrédients*

- *1 endive*
- *1 petite boîte de thon au naturel (environ 150 g égoutté)*
- *4 cuil. à soupe de fromage blanc au lait de chèvre*
- *8 cuil. à soupe de sublime de tomate (ou suprême de tomates)*
- *1 cuil. à soupe de jus de citron*
- *curry*
- *sel, poivre*

### Réalisation

Séparez les feuilles d'endive, lavez-les et séchez-les. Disposez-les dans un plat de service.
Dans un bol, mélangez le thon et le fromage blanc jusqu'à obtention d'une préparation homogène.
Ajoutez le jus de citron et 2 pincées de curry.
Assaisonnez de sel et de poivre à votre convenance.
Garnissez les feuilles d'endive de cette préparation après y avoir étalé un peu de sublime de tomates.
Réservez au frais 30 minutes avant de servir.

## Guacamole

Pour 6 personnes • Préparation : 15 min • Réfrigération : 1 heure

*Ingrédients*

- *3 avocats bien mûrs*
- *le jus d'un petit citron*
- *1 oignon blanc*
- *1 gousse d'ail*
- *1 cuill. à café rase de Tabasco*
- *sel, poivre blanc moulu*

### Réalisation

Coupez les avocats en deux et retirez les noyaux.
Retirez la peau puis coupez-les en morceaux et placez-les dans un saladier. Arrosez-les du jus de citron.
Épluchez l'oignon et la gousse d'ail, émincez-les finement. Ajoutez-les aux avocats, ainsi que le Tabasco.
Salez, poivrez et écrasez à la fourchette.
Placez au réfrigérateur au moins 1 heure avant de servir.

**LE CONSEIL DU CHEF**

*Vous pouvez servir ce guacamole avec des bâtonnets de concombre, de fenouil et de carotte. Il se déguste aussi en verrine avec des crevettes ou du saumon fumé.*

## Houmous libanais

Pour 6 personnes • Préparation : 15 min • Réfrigération : 10 min

*Ingrédients*

- *1 boîte de pois chiche (environ 250 g)*
- *2 cuil. à soupe de tahina (purée de sésame)*
- *le jus d'1 citron*
- *1 gousse d'ail écrasée*
- *6 cuil. à soupe d'huile d'olive*
- *sel, poivre*

### Réalisation

Mélangez le tahina au jus du citron et ajoutez l'ail Rincez et égouttez les pois chiche puis mixez-les. Ajoutez la préparation à base de tahina au cours du mixage. Ajoutez peu à peu 5 cuillères à soupe d'huile d'olive et continuez à mixer jusqu'à obtention d'un mélange lisse et homogène.

Servez l'houmous bien frais avec 1 cuillère à soupe d'huile d'olive.

À RETENIR

### L'ail

*Il est préférable de l'écraser pour libérer ses actions bénéfiques (c'est un anticoagulant et un antioxydant). Ajoutez-le toujours au dernier moment lors de la cuisson et de préférence écrasé, car il semble que l'ail cuit entier perde ses effets bénéfiques sur la santé.*

## Petites boules de chèvre

Pour 6 personnes • Préparation : 10 min

*Ingrédients*

- *300 g de fromage de chèvre frais*
- *150 g de fromage à tartiner*
- *2 cuil. à soupe de ciboulette fraîche ciselée*
- *2 cuil. à soupe de mélange 5 baies*
- *2 cuil. à soupe de graines de sésame*
- *2 cuil. à soupe de cumin*

**Réalisation**

Mélangez le fromage de chèvre frais et le fromage à tartiner afin d'obtenir un mélange homogène, puis façonnez des petites boules.
Roulez un quart des boulettes dans la ciboulette, un quart dans le mélange 5 baies, un quart dans les graines de sésame et le dernier quart dans le cumin.

**LE CONSEIL DU CHEF**

*Humidifiez légèrement vos doigts pour façonner plus facilement les boulettes de fromage.*

## Radis au dip de poivrons

Pour 6 personnes • Préparation : 15 min • Cuisson : 20 min • Réfrigération : 1 h

*Ingrédients*

- *500 g de radis*
- *1 poivron vert*
- *1 poivron rouge*
- *300 g de fromage blanc au lait de chèvre*
- *2 gousses d'ail*
- *2 cuil. à soupe de citron*
- *paprika*
- *sel, poivre*

**Réalisation**

Préchauffez le gril du four.
Épluchez et hachez l'ail.

Lavez les poivrons, faites-les griller au four jusqu'à ce que la peau noircisse. Sortez-les du four et enfermez-les dans un sac plastique pendant 5 minutes pour pouvoir les éplucher plus facilement.
Coupez-les en deux, ôtez les graines et les côtes puis mixez les poivrons.
Dans un saladier, mélangez les poivrons, le fromage blanc, l'ail et le jus de citron. Assaisonnez à votre convenance et ajoutez une pincée de paprika.
Réservez au frais au moins 30 minutes.
Servez avec les radis lavés et non équeutés.

## Rillettes de sardines

Pour 4 personnes • Préparation : 5 min

*Ingrédients*

- *300 g de sardines décortiquées*
- *2 cuil. à soupe de faisselle de chèvre allégée*
- *1 cuil. à café rase de moutarde*
- *le jus d'1/2 citron*
- *1 cuil. à soupe de persil frais haché*
- *sel, poivre*

### Réalisation

Dans un saladier, émiettez les sardines à la fourchette. Ajoutez la faisselle, la moutarde, le jus de citron et le persil. Salez, poivrez et mélangez bien.

## Roulés de jambon de Parme au fromage frais

Pour 6 personnes • Préparation : 10 min • Réfrigération : 15 min

*Ingrédients*

- *12 tranches de jambon de Parme*
- *200 g de fromage de chèvre frais*
- *1 cuil. à soupe de basilic frais haché*
- *1 pincée d'origan*
- *2 cuil. à soupe d'huile d'olive*
- *vinaigre balsamique*
- *sel, poivre*

### Réalisation

Dans un saladier, mélangez le fromage de chèvre, le basilic, l'origan et l'huile d'olive. Salez et poivrez.

Retirez la couenne du jambon de Parme. Étalez une grosse cuillère à café de la préparation au fromage sur chaque bord des tranches de jambon et roulez délicatement. Réservez au frais 15 minutes.

Coupez les tranches en deux. Au moment de servir, arrosez chaque tranche d'un filet de vinaigre balsamique.

## Roulés de poivrons aux anchois

Pour 6 personnes • Préparation : 15 min • Cuisson : 35 min

*Ingrédients*

- *3 poivrons rouges*
- *2 cuil. à soupe d'huile d'olive*
- *18 anchois*

**LE CONSEIL DU CHEF**

*Ces roulés de poivrons peuvent être servis lors de l'apéritif mais aussi avec une salade verte.*

### Réalisation

Préchauffez le four à 210 °C (th. 7).
Lavez les poivrons et posez-les sur la grille du four. Enfournez 30 minutes (en fin de cuisson, la peau des poivrons doit être grillée et toute ridée).
Mettez les poivrons grillés dans un sac plastique pendant 5 minutes pour les éplucher plus facilement.
Détaillez chaque poivrons en six larges lanières. Éliminez les côtes et les graines.
Poêlez les lanières de poivrons pendant quelques minutes dans l'huile d'olive, à feu doux.
Déposez les lanières sur une planche et recouvrez chaque lanière d'un filet d'anchois.
Roulez pour former un cercle et faites tenir cette préparation à l'aide d'un cure-dents.

## Tzatziki

Pour 4 personnes • Préparation : 10 min • Réfrigération : 15 min

*Ingrédients*

- *1 concombre*
- *1 gousse d'ail*
- *4 yaourts au lait de brebis*
- *3 cuil. à soupe d'huile d'olive*
- *1 cuil. à soupe de jus de citron*
- *5 cuil. à soupe de menthe fraîche hachée*
- *sel*

### Réalisation

Pelez le concombre, coupez-le en deux et retirez les pépins.
Râpez grossièrement la chair du concombre, placez-la dans une passoire et salez généreusement. Mélangez

et laissez dégorger pendant 15 minutes.
Pelez et hachez finement la gousse d'ail. Dans un saladier, mélangez les yaourts avec le concombre et l'ail haché. Ajoutez l'huile d'olive, le jus de citron et la menthe, salez et mélangez bien. Réservez au réfrigérateur jusqu'au moment de servir.

## Avocat et crevettes cocktail

Pour 4 personnes • Préparation : 5 min

*Ingrédients*

- *4 avocats bien mûrs*
- *200 g de petites crevettes roses cuites et décortiquées*
- *4 cuil. à soupe de sauce cocktail Montignac (voir recette p. 158)*
- *quelques feuilles de basilic*

**Réalisation**

Lavez et séchez les feuilles de basilic.
Coupez les avocats en deux et retirez le noyau. Retirez la peau des avocats et coupez-les en petites lamelles.
Dans quatre coupelles individuelles, mélangez délicatement les lamelles d'avocats, les crevettes et la sauce cocktail.
Décorez avec quelques feuilles de basilic frais.

LE CONSEIL DU CHEF

*Vous pouvez déguster ce cake chaud ou froid avec une mayonnaise maison.*

## Cake vert de poireaux

Pour 6 personnes • Préparation : 10 min • Cuisson : 50 min

### *Ingrédients*

- *2 verts de poireaux*
- *1 oignon*
- *4 œufs*
- *20 cl de crème allégée*
- *huile d'olive*
- *sel, poivre*

### Réalisation

Préchauffez le four à 180 °C (th. 6).
Lavez les verts de poireaux et faites-les blanchir 5 minutes dans une grande casserole d'eau bouillante.
Épluchez et émincez l'oignon.
Égouttez bien les verts de poireaux et émincez-les finement dans le sens de la largeur.
Dans une grande poêle, faites chauffer un peu d'huile d'olive, faites-y revenir les verts de poireaux et l'oignon émincé pendant 5 à 10 minutes.
Dans un saladier, battez les œufs et ajoutez la crème. Salez, poivrez et mélangez bien. Ajoutez ensuite les verts de poireaux et les oignons. Versez ce mélange dans un moule à cake. Enfournez 40 minutes.

## Carpaccio de courgettes aux câpres

Pour 4 personnes • Préparation : 15 min • Réfrigération : 20 min

*Ingrédients*

- *400 g de courgettes*
- *40 g de câpres*
- *le jus de 3 citrons*
- *20 g d'olives noires dénoyautées*
- *1 cuil. à soupe d'huile d'olive*
- *1 cuil. à soupe de baies roses*
- *sel, poivre*

**Réalisation**

Lavez les courgettes et retirez les deux extrémités. À l'aide d'une mandoline (ou d'un simple économe), faites de fines lamelles dans le sens de la longueur. Ne gardez pas les lamelles de peau.

Déposez les lamelles de courgettes sur un plat de service et arrosez-les du jus de deux citrons. Réservez environ 15 minutes au réfrigérateur.

Égouttez les câpres et séchez-les sur du papier absorbant. Émincez finement les olives.

Hachez finement les câpres et mettez-les dans un bol avec les olives émincées, le jus du troisième citron, l'huile olive et 2 cuillères à soupe d'eau tiède. Salez et poivrez.

Fouettez le tout énergiquement puis versez cette sauce sur les courgettes. Parsemez de baies roses et placez au réfrigérateur encore 10 minutes.

## Coquilles Saint-Jacques sur lit d'endives

Pour 4 personnes • Préparation : 15 min

*Ingrédients*

- *12 coquilles Saint-Jacques*
- *4 endives*
- *le jus de 2 oranges*
- *20 g de fructose*
- *huile d'olive*
- *sel, poivre*

**Réalisation**

Lavez les endives et retirez les feuilles abîmées. Émincez-les finement dans le sens de la longueur.

Préparez un caramel liquide avec le jus des oranges et le fructose.

Faites dorer les endives dans une poêle avec de l'huile d'olive puis déglacez avec le jus d'oranges caramélisé. Laissez cuire à feu doux jusqu'à ce que les endives deviennent fondantes. Salez et poivrez à votre convenance.

Assaisonnez les coquilles puis faites-les poêler 30 secondes de chaque côté à feu vif dans un peu d'huile d'olive.

Dans 4 assiettes, dressez le lit d'endives et disposez dessus 3 coquilles Saint-Jacques. Arrosez avec le reste de jus d'oranges caramélisé et servez.

## Crevettes marinées à l'orange

Pour 4 personnes • Préparation : 5 min •
Cuisson : 5 min • Réfrigération : 1 h

*Ingrédients*

- *20 grosses crevettes roses décortiquées*
- *le jus d'1 orange*
- *le jus d'1 citron*
- *1 cuil. à soupe de sauce soja*
- *1 gousse d'ail écrasée*
- *2 cuil. à soupe d'huile d'olive*
- *huile d'olive*
- *paprika*
- *quelques feuilles de coriandre*
- *sel, poivre*

### Réalisation

Dans un plat creux, mélangez les jus d'orange et de citron, l'huile d'olive, la sauce soja, l'ail et une pincée de paprika. Salez et poivrez. Ajoutez-y les crevettes décortiquées et mélangez.

Couvrez et laissez mariner au réfrigérateur pendant 1 heure.

Faites cuire les crevettes quelques minutes dans une grande poêle. Réservez au chaud. Ajoutez la marinade et laissez réduire quelques minutes. Versez le jus de cuisson sur les crevettes au moment du service et décorez de feuilles de coriandre.

**LE CONSEIL DU CHEF**

*Vous pouvez disposer les crevettes sur quelques feuilles de roquette au moment du service.*

## Gaspacho andalou

Pour 8 personnes • Préparation : 15 min • Réfrigération : 1 h

*Ingrédients*

- *1 concombre*
- *2 branches de céleri*
- *1 poivron rouge*
- *1 poivron vert*
- *1 oignon*
- *1 kg de tomates pelées*
- *4 cuil. à soupe d'huile d'olive*
- *2 cuil. à soupe de vinaigre balsamique*
- *le jus d'un citron*
- *quelques gouttes de Tabasco*
- *sel, poivre*

**Réalisation**

Lavez et épluchez le concombre. Coupez-le en deux et épépinez-le. Coupez la moitié d'une des deux moitiés en petits dés et coupez l'autre en morceaux grossiers. Répétez l'opération avec les branches de céleri et les poivrons.

Épluchez et émincez l'oignon.

Réservez les légumes coupés en petits dés.

Dans le bol d'un mixeur, mettez les tomates pelées et les gros morceaux de légumes et l'oignon. Ajoutez l'huile d'olive, le vinaigre balsamique, le jus de citron et le Tabasco.

Mixez le tout jusqu'à obtention d'une soupe épaisse. Salez et poivrez.

Réservez au frais pendant au moins 1 heure.

Au moment de servir, ajoutez dans chaque assiette les petits dés des différents légumes que vous avez réservés.

## Mille-feuille d'aubergine

Pour 4 personnes • Préparation : 10 min • Cuisson : 15 min

*Ingrédients*

- *1 grosse aubergine (ou 2 petites)*
- *2 tomates*
- *2 boules de mozzarella*
- *4 cuil. à soupe de basilic frais haché*
- *huile d'olive*
- *sel, poivre*

### Réalisation

Préchauffez le four à 210 °C (th. 7).

Lavez l'aubergine et coupez les extrémités. Coupez des lamelles (environ 12) dans le sens de la largeur et faites-les revenir 5 minutes dans une poêle avec un peu d'huile d'olive.

Lavez et coupez les tomates en rondelles. Coupez également des rondelles de mozzarella.

Dans un plat à gratin, alternez une rondelle d'aubergine, une rondelle de mozzarella, une rondelle de tomate puis du basilic. Salez et poivrez puis répétez l'opération une fois, en terminant par une rondelle d'aubergine.

Réalisez 4 mille-feuilles de cette façon et enfournez 15 minutes.

## Moussaka au chèvre frais

Pour 4 personnes • Préparation : 10 min • Cuisson : 30 min

*Ingrédients*

- *4 aubergines*
- *20 cl de coulis de tomates*
- *200 g de fromage frais de chèvre*
- *80 g de fromage blanc au lait de chèvre*
- *1 cuil. à soupe de parmesan râpé*
- *2 cuil. à soupe d'huile d'olive*
- *2 cuil. à soupe de basilic frais haché*
- *sel, poivre*

### Réalisation

Préchauffez le four à 180 °C (th. 6). Lavez les aubergines, ôtez leurs extrémités et coupez-les en tranches fines dans le sens de la longueur.

Dans une poêle antiadhésive, faites revenir les tranches d'aubergines de chaque côté dans un peu d'huile d'olive. Salez, poivrez et réservez-les dans un plat recouvert de papier absorbant.

Dans un bol, mélangez le fromage de chèvre frais avec le basilic frais. Rectifiez l'assaisonnement si nécessaire.

Dans un plat à gratin, alternez une couche d'aubergines avec une couche fine de coulis de tomates et du fromage de chèvre frais. Terminez par une couche d'aubergines et recouvrez du fromage blanc mélangé avec le parmesan. Enfournez pendant 20 minutes. Servez bien chaud.

## Pain de saumon à la roquette

Pour 6 personnes • Préparation : 10 min • Cuisson : 45 min

*Ingrédients*

- *200 g de saumon cuit*
- *100 g de roquette*
- *6 œufs*
- *20 cl de crème allégée*
- *sel*
- *poivre*

### Réalisation

Préchauffez le four à 180 °C (th. 6).

Rincez, essorez et ciselez la roquette. Dans un saladier, battez les œufs en omelette puis ajoutez la crème et la roquette. Salez et poivrez.

Dans un moule à cake antiadhésif (en silicone par exemple), placez le saumon émietté puis recouvrez-le avec le mélange précédent.

Enfournez environ 45 minutes et dégustez tiède ou froid.

## Roulés de saumon fumé au radis noir et à la pomme verte

Pour 6 personnes • Préparation : 15 min

*Ingrédients*

- *6 tranches de saumon fumé*
- *200 g de radis noir*
- *1 pomme verte*
- *10 cl de crème de soja*
- *1 cuil. à café de raifort râpé*
- *quelques brins d'aneth ciselés*
- *1 citron*
- *sel, poivre*

**Réalisation**

Fouettez la crème de soja et le raifort râpé. Réservez au réfrigérateur.

Pelez le radis noir et râpez-le avec une grosse grille. Faites de même avec la pomme verte.

Mélangez avec la crème au raifort et ajoutez l'aneth ciselé. Assaisonnez à votre convenance.

Façonnez les rouleaux de saumon fumé en les garnissant du mélange à la crème.

Arrosez de quelques gouttes de jus de citron avant de servir.

# Salade de carottes aux graines de moutarde

Pour 4 personnes • Préparation : 10 min • Cuisson : 5 min

*Ingrédients*

- *4 carottes*
- *1/2 cuil. à café de graines de moutarde*
- *1 petit piment vert frais*
- *le jus d'1/2 citron*
- *2 cuil. à soupe d'huile d'olive*
- *sel, poivre*

**Réalisation**

Lavez, épluchez et râpez les carottes.

Dans une petite poêle, faites chauffer l'huile et faites-y éclater les graines de moutarde.

Coupez le piment en fines rondelles et faites-le revenir quelques minutes.

Mettez les carottes râpées dans un saladier, ajoutez-y le mélange de la poêle.

Arrosez avec le jus de citron, salez, poivrez et mélangez bien.

## Salade chinoise aux crevettes

Pour 4 personnes • Préparation : 10 min

*Ingrédients*

- *200 g de petites crevettes roses cuites décortiquées*
- *100 g de vermicelles de soja*
- *1/2 chou blanc*
- *1 carotte*
- *100 g de germes de soja (haricots mungo)*
- *50 g d'amandes concassées*

**Pour la sauce vinaigrette**

- *1 cuil. à café de moutarde forte*
- *3 cuil. à soupe d'huile d'olive*
- *1 cuil. à soupe de sauce soja*
- *sel, poivre*

**Réalisation**

Dans un bol, mettez les vermicelles de soja à ramollir dans de l'eau chaude.

Dans un autre bol, préparez la sauce vinaigrette : mélangez au fouet la moutarde, l'huile d'olive, la sauce soja et le poivre. Ajoutez un peu de sel si nécessaire.

Égouttez les vermicelles et coupez-les en bâtonnets de 2 à 3 cm de long.

Râpez le chou blanc et la carotte et mettez-les dans un saladier avec les germes de soja, les crevettes et les vermicelles de soja.

Assaisonnez avec la sauce et mélangez.

Décorez avec les amandes concassées avant de servir.

## Salade de foies de volailles au bacon

Pour 4 personnes • Préparation : 10 min • Cuisson : 10 min

*Ingrédients*

- *200 g de foies de volailles*
- *4 tranches de bacon*
- *2 échalotes*
- *150 g de roquette*
- *2 cuil. à soupe de persil frais haché*
- *1 cuil. à soupe de vinaigre balsamique*
- *huile d'olive*
- *sel, poivre*

### Réalisation

Pelez et émincez les échalotes. Coupez le bacon en lanières. Lavez et essorez la roquette.

Dans une grande poêle, faites chauffer un peu d'huile d'olive et ajoutez les échalotes, le bacon et les foies. Faites cuire pendant 10 minutes à feu doux en remuant de temps en temps, puis ajoutez le vinaigre et le persil. Assaisonnez à votre convenance. Déposez un lit de roquette dans chaque assiette de service puis arrosez d'un filet d'huile d'olive.

Salez, poivrez et mélangez. Posez les foies de volaille sur la roquette et servez sans attendre.

## Salade grecque

Pour 4 personnes • Préparation : 10 min

*Ingrédients*

- *200 g de roquette*
- *1/2 concombre*
- *2 tomates bien fraîches*
- *2 oignons blancs*
- *120 g de feta*
- *2 cuil. à soupe d'olives noires dénoyautées*
- *1 cuil. à soupe de vinaigre balsamique*
- *3 cuil à soupe d'huile d'olive*
- *sel, poivre*

### Réalisation

Lavez et essorez la roquette. Épluchez le concombre, et coupez-le en rondelles. Lavez les tomates et coupez-les en petits quartiers. Lavez et émincez les oignons blancs. Coupez la feta en cubes.

Dans un plat creux, disposez les feuilles de roquette, les tomates, les oignons et le concombre. Ajoutez les dés de feta et les olives.

Préparez une vinaigrette avec le vinaigre, l'huile, du sel et du poivre. Arrosez-en la salade grecque au moment de servir.

## Salade de lentilles

Pour 4 personnes • Préparation : 10 min • Cuisson : 35 min

*Ingrédients*

- *250 g de lentilles*
- *le jus d'1 citron*
- *1 cuil. à soupe de graines de cumin*
- *4 cuil. à soupe d'huile d'olive*
- *2 oignons*
- *2 cuil. à soupe de persil frais haché*
- *2 cuil. à soupe de menthe fraîche ciselée*
- *sel, poivre*

### Réalisation

Dans une casserole, faites cuire les lentilles dans environ deux fois leur volume d'eau, à couvert et à feu doux, pendant une trentaine de minutes.

Dans une poêle, faites chauffer les graines de cumin dans un peu d'huile d'olive.

Épluchez et émincez les oignons.

Dans un saladier, mélangez le persil et la menthe, l'huile d'olive, les oignons émincés et le jus de citron. Ajoutez les graines de cumin.

Égouttez les lentilles, ajoutez-les au mélange précédent. Salez, poivrez et mélangez bien.

**LE CONSEIL DU CHEF**

*Vous pouvez servir cette salade tiède ou froide.*

## Salade de mangue

Pour 4 personnes • Préparation : 10 min • Réfrigération : 30 min

*Ingrédients*

- *1 grosse mangue*
- *1 grosse tomate*
- *1 poivron vert*
- *150 g de mâche*
- *200 g de grosses crevettes roses décortiquées*
- *1 cuil. à soupe de jus de citron*
- *2 cuil. à soupe d'huile d'olive*
- *quelques feuilles de coriandre ciselée*
- *piment d'Espelette*
- *sel*

**Réalisation**

Épluchez et coupez la mangue en petits morceaux. Lavez et égouttez la salade. Lavez la tomate et le poivron et coupez-les en petits dés.

Placez tous ces ingrédients dans un saladier et ajoutez les crevettes roses. Arrosez de jus de citron et d'huile d'olive. Salez, ajoutez une pincée de piment d'Espelette. Parsemez de coriandre et placez au réfrigérateur 30 minutes avant de servir.

## Salade de moules au curry

Pour 4 personnes • Préparation : 15 min • Cuisson : 15 min

*Ingrédients*

- *1 kg de moules de bouchot nettoyées*
- *100 g de quinoa*
- *2 oignons nouveaux*
- *2 tomates*
- *4 cuil. à soupe de persil frais haché*
- *1 cuil. à café de moutarde*
- *3 cuil. à soupe d'huile d'olive*
- *1 cuil. à soupe de jus de citron*
- *curry*
- *sel, poivre*

**Réalisation**

Lavez le quinoa à grande eau dans une passoire puis portez-le à ébullition dans deux fois son volume d'eau avec une pincée de sel. Laissez cuire à couvert pendant 3 minutes. Coupez le feu et laissez gonfler environ 10 minutes, toujours à couvert. Chaque grain doit avoir au moins doublé de volume.

Mettez les moules dans une grosse casserole, couvrez et portez sur feu vif pour les faire ouvrir. Mélangez régulièrement pour répartir la chaleur. Lorsqu'elles sont ouvertes, éteignez le feu, retirez-les de leurs coquilles et filtrez le jus. Faites-le réduire de moitié dans une petite casserole.

Épluchez et émincez les oignons. Lavez les tomates et coupez-les en petits dés. Dans un saladier, mélangez le quinoa, les moules, les oignons, les tomates et le persil haché. Assaisonnez à votre convenance.

Dans un bol, mélangez l'huile d'olive, le jus de citron, la moutarde et 2 pincée de curry. Versez ce mélange sur la salade de moules. Mélangez bien et placez au réfrigérateur jusqu'au moment de servir.

**LE CONSEIL DU CHEF**

*Vous pouvez servir cette salade tiède ou froide.*

**LE CONSEIL DU CHEF**

*Préférez l'orge mondé à l'orge perlé qui est un peu raffiné (on le polit pour lui donner sa forme perlée). L'orge est une céréale riche en fibres solubles.*

## Salade d'orge mondé aux pois chiches

Pour 4 personnes • Préparation : 15 min • Cuisson : 1 h • Réfrigération : 10 min

### *Ingrédients*

- *300 g d'orge mondé*
- *1/2 concombre*
- *2 tomates*
- *1 petite boîte de pois chiches (environ 200 g égouttés)*
- *2 cuil. à soupe de basilic frais haché*
- *2 cuil. à soupe de menthe fraîche hachée*

**Pour la vinaigrette**

- *3 cuil. à soupe d'huile d'olive*
- *1 cuil. à soupe de vinaigre balsamique*
- *1 cuil. à café de moutarde de Dijon*
- *1 pincée de thym*
- *1 pincée de romarin*
- *sel, poivre*

### Réalisation

Dans une casserole, faites cuire l'orge dans trois fois son volume d'eau à feu très doux et à couvert pendant 1 heure. Vérifiez régulièrement qu'il ne manque pas d'eau. Inversement, s'il y a trop d'eau, découvrez en fin de cuisson. Laissez refroidir.

Lavez et épluchez le concombre. Émincez-le en petits dés. Lavez les tomates, retirez le pédoncule et taillez-les en petits dés. Rincez et égouttez les pois chiches. Incorporez le tout à l'orge mondé. Salez et poivrez.

Dans un bol, préparez la vinaigrette : mélangez l'huile d'olive, le vinaigre balsamique, la moutarde, le thym, le romarin, le sel et le poivre. Incorporez la vinaigrette à la salade d'orge et mélangez bien. Parsemez de basilic et de menthe fraîche et mélangez de nouveau.

Placez au réfrigérateur environ 10 minutes avant de servir.

## Salade de poulet aux pêches

Pour 4 personnes • Préparation : 15 min •
Cuisson : 5 min • Réfrigération : 30 min

*Ingrédients*

- *2 escalopes de poulet*
- *2 pêches*
- *200 g de roquette*
- *2 cuil. à soupe de menthe fraîche hachée*
- *huile d'olive*
- *sel, poivre*

**Pour la marinade**

- *1 échalote*
- *2 cuil. à soupe de sauce soja*
- *2 cuil. à soupe de jus de citron vert*
- *4 cuil. à soupe d'huile d'olive*
- *1 cuil. à café de sirop d'agave*
- *sel, poivre*

### Réalisation

Coupez les escalopes de poulet en lamelles.

Lavez les pêches, coupez-les en deux et retirez le noyau.

Coupez-les en petits quartiers.

Préparez la marinade en mélangeant tous les ingrédients, ajoutez-y le poulet et les pêches et placez au réfrigérateur pendant 30 minutes.

Lavez et essorez la roquette.

Égouttez le poulet et les pêches et réservez la marinade.

Dans une poêle avec un peu d'huile d'olive, faites revenir les lamelles de poulet pendant quelques minutes.

Dans un saladier, mélangez le poulet, les pêches et la marinade. Assaisonnez à votre convenance et parsemez de menthe fraîche.

## Salade végétarienne de quinoa

Pour 4 personnes • Préparation : 10 min • Cuisson : 10 min

*Ingrédients*

- *200 g de quinoa*
- *150 g de tofu*
- *2 oignons nouveaux*
- *2 cuil. à soupe de sauce soja*
- *2 tomates*
- *50 g de mesclun*
- *2 cuil. à soupe de graines de sésame*
- *huile d'olive*
- *sel, poivre*

### Réalisation

Lavez le quinoa à grande eau dans une passoire puis portez-le à ébullition dans deux fois son volume d'eau, avec une pincée de sel. Laissez cuire à couvert pendant 3 minutes. Coupez le feu et laissez gonfler environ 10 minutes, toujours à couvert. Chaque grain doit avoir au moins doublé de volume.

Coupez le tofu en petits cubes et faites-le revenir à feu moyen, dans une casserole, avec de l'huile d'olive. Quand il commence à dorer, déglacez avec la sauce soja. Retirez du feu.

Lavez et émincez les oignons, lavez et essorez la salade, lavez les tomates, coupez-les en morceaux.

Dans un saladier, mélangez le quinoa, la salade, les tomates, les oignons, le tofu et la sauce restant dans la poêle. Assaisonnez à votre convenance et parsemez de graines de sésame. Servez chaud ou froid.

## Soupe de haricots rouges

Pour 4 personnes • Préparation : 15 min • Cuisson : 30 min

*Ingrédients*

- *500 g de haricots rouges*
- *1/4 de chou vert*
- *2 côtes de céleri*
- *3 tomates*
- *2 oignons*
- *2 à 3 gousses d'ail*
- *1 cuil. à soupe d'huile d'olive*
- *1 bouquet garni*
- *2 bouillons cubes de volaille dégraissée*
- *2 cuil. à soupe de persil frais haché*
- *sel, poivre*

### Réalisation

Rincez les haricots rouges. Rincez le chou et plongez-le dans de l'eau bouillante pendant 5 minutes. Égouttez et émincez-le.

Épluchez les côtes de céleri et coupez-les en dés. Ébouillantez, mondez et épépinez les tomates puis coupez-les en dés. Épluchez et émincez les oignons. Épluchez les gousses d'ail et coupez-les en quatre.

Faites blondir l'oignon dans un peu d'huile d'olive dans une cocotte et ajoutez l'ail, le céleri, le chou et les tomates. Mouillez avec un litre d'eau, ajoutez le bouquet garni et les deux bouillons cubes. Ajoutez les haricots et laissez cuire 20 minutes. Rectifiez l'assaisonnement et parsemez de persil avant de servir.

## Soupe de pois chiches

Pour 4 personnes • Préparation : 10 min • Cuisson : 35 min

*Ingrédients*

- *1 boîte de pois chiches (200 g égouttés)*
- *100 g d'oignons*
- *2 gousses d'ail*
- *350 g de tomates bien mûres*
- *1 cuil. à café d'huile d'olive*
- *1 bouquet de persil frais*
- *1 cuil. à café de curry*
- *sel, poivre*

### Réalisation

Égouttez les pois chiches. Épluchez les oignons et les gousses d'ail. Coupez les tomates en dés.

Émincez les oignons, faites-les dorer 5 minutes à feu doux dans une grosse cocotte avec l'huile d'olive.

Lavez le persil et hachez-le grossièrement.

Dans la cocotte, ajoutez les tomates, les pois chiches, le persil et le curry. Salez, poivrez et mouillez avec 50 cl d'eau.

Faites cuire à feu doux pendant 30 minutes. Mixez le potage et servez très chaud.

## Tomates farcies au thon

Pour 4 personnes • Préparation : 15 min

*Ingrédients*

- *4 petites tomates ovales*
- *200 g de thon au naturel*
- *2 œufs*
- *50 g d'olives vertes dénoyautées*
- *4 cuil. à soupe de persil frais haché*
- *1 cuil. à soupe de jus de citron*
- *huile d'olive*
- *sel, poivre*

### Réalisation

Faites durcir les œufs. Lavez les tomates et séchez-les. Enlevez le pédoncule et évidez-les en réservant la chair. Retournez les tomates sur une assiette pour qu'elles perdent leur eau.

Dans le bol de votre mixeur, versez le thon égoutté, les olives dénoyautées, la chair des tomates réservée et les œufs écalés et coupés en morceaux. Mixez le tout. Ajoutez ensuite le jus de citron et un filet d'huile d'olive. Salez et poivrez à votre convenance. Mélangez bien. Répartissez la préparation dans les tomates.

**LE CONSEIL DU CHEF**

*Vous pouvez couper légèrement la base des tomates pour les faire tenir debout.*

ATTENTION

*Le potiron a un index glycémique élevé (75) mais son contenu en glucides est faible (moins de 5 %). C'est donc un aliment autorisé occasionnellement, même en phase I.*

## Velouté de potiron et de courgettes

Pour 4 personnes • Préparation : 15 min • Cuisson : 30 min

*Ingrédients*

- *1 grosse tranche de potiron*
- *3 courgettes*
- *1 branche de céleri*
- *1 gousse d'ail*
- *1 cuil. à café de sauce soja*
- *1 bouillon cube de volaille dégraissé*
- *25 cl de crème de soja cuisine*
- *quelques feuilles de coriandre*
- *sel, poivre*

### Réalisation

Épluchez le potiron et coupez-le en morceaux. Lavez les courgettes, enlevez les extrémités et coupez-les en morceaux. Lavez la branche de céleri, coupez-la en tronçons. Pelez la gousse d'ail et hachez-la grossièrement.

Dans une cocotte, versez tous les légumes, couvrez d'eau, salez, poivrez et laissez cuire. Dès que l'eau commence à bouillir, ajoutez le bouillon cube et continuez la cuisson.

Dès que les légumes sont cuits, versez le tout dans un mixeur et mixez très finement. Ajoutez la sauce soja et la crème de soja cuisine, mélangez bien. Parsemez de feuilles de coriandre et servez chaud.

## Calamars à la catalane

Pour 4 personnes • Préparation : 15 min • Cuisson : 25 min

*Ingrédients*

- *750 g de calamars en rondelles*
- *1 gousse d'ail*
- *1 gros oignon*
- *400 g de tomates concassées*
- *4 cuil. à soupe d'huile d'olive*
- *thym*
- *laurier*
- *quelques clous de girofle*
- *30 cl de vin blanc sec*
- *1 cuil. à soupe de persil frais haché*
- *sel, poivre*

### Réalisation

Épluchez et émincez l'ail et l'oignon. Faites-les revenir dans une poêle creuse avec un peu d'huile d'olive. Ajoutez les tomates concassées, le thym, le laurier et les clous de girofle. Mouillez le tout avec le vin blanc.
Lorsque le mélange commence à bouillir, ajoutez les rondelles de calamars. Couvrez et baissez le feu pour poursuivre la cuisson à feu moyen.
Juste avant de servir, retirez le thym et le laurier et parsemez les calamars de persil frais haché.

**LE CONSEIL DU CHEF**

*Placez les filets de truite pendant 30 minutes au congélateur pour faciliter leur découpe en fines lamelles.*

## Carpaccio de truite au parmesan

Pour 4 personnes • Préparation : 15 min • Réfrigération : 30 min

*Ingrédients*

- *600 g de filet de truite (sans la peau)*
- *2 cuil. à soupe de parmesan en copeaux*
- *fleur de sel*
- *poivre du moulin*

**Pour la sauce**

- *3 cuil. à soupe d'huile d'olive*
- *le jus d'1/2 citron*
- *1 cuil. à soupe de baies roses*

### Réalisation

Préparez la sauce : dans un bol, mélangez l'huile d'olive, le jus de citron et les baies roses. Salez et poivrez. À l'aide d'un couteau bien affûté, coupez les filets de truite dans leur épaisseur en tranches très fines.

Déposez sur chaque assiette une douzaine de tranches de truite, assaisonnez du mélange à l'huile d'olive, ajoutez une pincée de fleur de sel et quelques tours de moulin à poivre.

Parsemez de copeaux de parmesan et réservez au réfrigérateur pendant au moins 30 minutes.

## Cassolette de poireaux aux deux saumons

Pour 4 personnes • Préparation : 10 min • Cuisson : 20 min

*Ingrédients*

- *400 g de filet de saumon frais*
- *200 g de saumon fumé*
- *6 blancs de poireaux*
- *20 cl de crème de soja*
- *4 branches d'aneth*
- *le jus d'1/2 citron*
- *huile d'olive*
- *sel, poivre*

### Réalisation

Préchauffez le four à 180 °C (th. 6).

Lavez et coupez les poireaux en tronçons. Faites les cuire à feu moyen dans une poêle avec de l'huile d'olive. Salez et poivrez.

Placez le filet de saumon dans une papillote, salez, poivrez et arrosez d'un filet d'huile d'olive. Fermez la papillote et enfournez pendant 10 minutes.

Dans 4 cassolettes, disposez un lit de poireaux recouvert de saumon fumé. Ajoutez le filet de saumon cuit et émietté puis la crème et l'aneth lavée et ciselée.

Enfournez 5 minutes. Arrosez d'un filet de jus de citron avant de servir.

## Choucroute de la mer

Pour 4 personnes • Préparation : 20 min • Cuisson : 30 min

*Ingrédients*

- *800 g de choucroute déjà cuite*
- *100 g de saumon*
- *100 g de cabillaud*
- *100 g de filet de haddock*
- *1 kg de moules nettoyées*
- *200 g de crevettes roses cuites*
- *25 cl de lait 1/2 écrémé*
- *1 bouquet garni (persil, thym, laurier)*
- *1 oignon*
- *1 gousse d'ail*
- *25 cl de vin blanc sec*
- *2 cuil. à soupe de persil haché*
- *2 cuil. à soupe de ciboulette hachée*
- *2 cuil. à soupe d'huile d'olive*
- *sel, poivre*

### Réalisation

Faites cuire les filets de saumon et de cabillaud pendant 15 minutes à la vapeur.

Dessalez le haddock en le passant sous l'eau froide. Égouttez-le dans une passoire.

Dans une casserole, versez le lait et 1 verre d'eau. Ajoutez le bouquet garni et une pincée de poivre. Pochez-y le haddock pendant 10 minutes.

Pelez et émincez l'oignon et l'ail. Dans une cocotte, versez le vin blanc, ajoutez l'oignon et l'ail, la moitié du persil et de la ciboulette. Mettez-y les moules à cuire 10 minutes sur feu moyen et à couvert. Remuez de temps en temps pour répartir la chaleur.

Décortiquez les crevettes. Dans une poêle, faites-les cuire 2 minutes dans l'huile. En fin de cuisson, ajoutez le restant de ciboulette et de persil, du sel et du poivre.

Réchauffez la choucroute à feu doux. Disposez-la dans

un plat chaud avec les poissons, les crevettes et les moules. Servez aussitôt.

## Colin sur son lit de champignons

Pour 4 personnes • Préparation : 10 min • Cuisson : 15 min

*Ingrédients*

- *600 g de colin*
- *500 g de champignons de Paris*
- *4 cuil. à soupe de crème de soja*
- *le jus d'1/2 citron*
- *curry*
- *huile d'olive*
- *2 cuil. à soupe de ciboulette ciselée*
- *sel, poivre*

**Réalisation**

Préchauffez le four à 180 °C (th. 6).

Lavez, épluchez et émincez les champignons. Dans une grande poêle antiadhésive, faites-les revenir à sec pendant quelques minutes. Quand ils commencent à colorer, ajoutez 2 cuillères à soupe d'huile d'olive.

Placez le colin dans une papillote de papier sulfurisé et enfournez pendant 15 minutes.

Remuez bien les champignons, salez, poivrez, ajoutez une pincée de curry. Ajoutez la crème de soja et mélangez bien.

Disposez les champignons dans un plat de service puis ajoutez le colin et parsemez de ciboulette. Rectifiez l'assaisonnement, arrosez du jus de citron.

## Crevettes sautées en persillade

Pour 4 personnes • Préparation : 5 min • Cuisson : 5 min

*Ingrédients*

- *24 grosses crevettes roses décortiquées*
- *2 gousses d'ail*
- *1/2 bouquet de persil*
- *4 cuil. à soupe d'huile d'olive*
- *sel*
- *poivre du moulin*

### Réalisation

Pelez et hachez les gousses d'ail. Lavez et hachez le persil.

Dans un bol, mélangez l'ail et le persil avec 2 cuillères à soupe d'huile d'olive pour obtenir la persillade.

Dans une poêle antiadhésive, faites sauter les crevettes dans l'huile d'olive restante. Ajoutez la persillade et poursuivez la cuisson en mélangeant bien. Assaisonnez à votre convenance.

## Curry de flétan

Pour 4 personnes • Préparation : 15 min • Cuisson : 15 min

*Ingrédients*

- *6 pavés de flétan*
- *1 petit bouquet de coriandre fraîche*
- *sel, poivre*

**Pour le court-bouillon**

- *3 oignons*
- *1 branche de thym*
- *1 feuille de laurier*
- *1 branche de fenouil*
- *1 cuil. à café de poivre en grains*

**Pour l'assaisonnement**

- *5 cuil. à café de curry en poudre*
- *le jus d'1 orange*
- *5 cuil. à soupe d'huile d'olive*

### Réalisation

Préparez le court-bouillon : pelez et émincez les oignons. Mettez-les dans un grand faitout, ajoutez la branche de thym, la feuille de laurier, la branche de fenouil, le poivre en grains et salez.

Couvrez de 50 cl d'eau et portez à ébullition. Quand l'eau bout, réduisez le feu au minimum et plongez-y les pavés de flétan. Couvrez et laissez cuire 10 minutes.

Dans un saladier, mélangez le curry, le jus d'orange et l'huile. Salez et poivrez.

Quand le poisson est cuit, prélevez-le délicatement avec une écumoire, ainsi que les oignons. Coupez le poisson en morceaux et ajoutez-le, avec les oignons, au mélange de curry. Ajoutez quelques feuilles de coriandre fraîche lavée et mélangez délicatement. Rectifiez l'assaisonnement.

## Dorade au four en toute simplicité

Pour 4 personnes • Préparation : 10 min • Cuisson : 20 min

*Ingrédients*

- *800 g de dorade vidée et nettoyée*
- *2 tomates*
- *1 oignon*
- *4 branches de fenouil*
- *1 citron*
- *2 feuilles de laurier*
- *2 branches de thym*
- *3 cuil. à soupe d'huile d'olive*
- *sel, poivre*

### Réalisation

Préchauffez le four à 180 °C (th. 6).

Lavez les tomates et coupez-les en rondelles. Épluchez et émincez l'oignon. Lavez le fenouil. Lavez le citron. Coupez la moitié en tranches et pressez le jus de l'autre moitié.

Dans un plat à gratin légèrement huilé, déposez un lit de tomates et d'oignon. Ajoutez quelques rondelles de citron et posez la dorade. Fourrez-la avec le laurier, le thym et le fenouil. Salez, poivrez et enfournez 20 minutes. Arrosez du jus de citron au moment de servir.

## Filets de lieu jaune et leur crème de poireaux

Pour 4 personnes • Préparation : 10 min • Cuisson : 15 min

*Ingrédients*

- *4 filets de lieu jaune*
- *2 blancs de poireaux*
- *10 cl de crème de soja*
- *4 cuil. à soupe d'huile d'olive*
- *2 cuil. à soupe de persil haché*
- *sel, poivre*

### Réalisation

Lavez les blancs de poireaux et coupez-les en tronçons. Faites-les fondre dans une poêle antiadhésive avec 2 cuillères à soupe d'huile d'olive.

Dans une autre poêle, mettez 2 cuillères d'huile d'olive et faites dorer les filets de lieu jaune des deux côtés.

Lorsque les poireaux sont cuits, mixez-les avec la crème de soja. Assaisonnez à votre convenance et versez sur les filets de lieu.

Laissez mijoter quelques minutes (juste le temps de chauffer la crème) et dressez dans un plat de service parsemé de persil.

## Filets de merlan à la crème de câpres

Pour 4 personnes • Préparation : 10 min • Cuisson : 10 min

*Ingrédients*

- *4 filets de merlan*
- *1 yaourt au soja*
- *2 cuil. à soupe de câpres*
- *1 cuil. à soupe de parmesan râpé*
- *2 cuil. à soupe de farine de pois chiches*
- *huile d'olive*
- *sel, poivre*

### Réalisation

Préparez la sauce : mélangez le yaourt et les câpres. Mixez le tout en ajoutant 3 cuillères à soupe d'huile d'olive et le parmesan. Assaisonnez à votre convenance. Faites chauffer cette sauce à feu doux au bain-marie.

Passez les deux faces des filets dans la farine. Faites chauffer un peu d'huile dans une grande poêle et faites-y dorer les filets de merlan pendant 5 minutes en les retournant à mi-cuisson.

Nappez les filets de la crème de câpres avant de servir.

## Filets de sardines à la tomate

Pour 4 personnes • Préparation : 15 min • Cuisson : 40 min

*Ingrédients*

- *24 filets de sardines préparés*
- *1 kg de tomates allongées bien mûres*
- *3 oignons*
- *3 gousses d'ail*
- *3 cuil. à soupe de concentré de tomates*
- *3 cuil. à soupe de ciboulette fraîche ciselée*
- *huile d'olive*
- *sel, poivre*
- *cure-dents en bois*

### Réalisation

Salez et poivrez les deux côtés des filets de sardine. Roulez les filets et maintenez-les avec un cure-dents.
Faites bouillir un grand volume d'eau et plongez-y les tomates. Retirez-les 1 minute plus tard, passez-les sous l'eau froide. Mondez-les puis écrasez-les grossièrement à la fourchette. Réservez.
Épluchez et émincez les oignons. Faites-les blondir dans une cocotte avec un peu d'huile d'olive et ajoutez les gousses d'ail écrasées. Ajoutez ensuite les tomates et le concentré de tomate. Mélangez. Versez un verre d'eau et salez légèrement. Laissez mijoter à feu doux et à découvert pendant une vingtaine de minutes.
Ajoutez les filets de sardines roulés. Laissez cuire pendant 10 à 15 minutes à feu doux. Remuez de temps en temps. Parsemez de ciboulette avant de servir.

LE CONSEIL DU CHEF

*Si vous le pouvez, remplacez le vin blanc par un reste de moules marinières et leur jus de cuisson.*

## Lotte à l'américaine

Pour 4 personnes • Préparation : 15 min • Cuisson : 40 min

### *Ingrédients*

- *800 g de lotte*
- *4 cuil. à soupe de farine de pois chiches*
- *1 petit verre de cognac*
- *3 belles tomates*
- *1 gousse d'ail hachée*
- *5 échalotes émincées*
- *20 cl de vin blanc*
- *1 bouquet garni (persil, thym, laurier)*
- *2 cuil. à soupe de crème fraîche allégée*
- *1 pincée de piment de Cayenne*
- *huile d'olive*
- *sel, poivre*

### Réalisation

Découpez la lotte en morceaux et passez ces morceaux dans la farine de pois chiches.

Dans une cocotte avec de l'huile d'olive, faites dorer les morceaux de lotte de chaque côté, salez et poivrez.

Arrosez avec le cognac et faites flamber.

Lavez et émincez les tomates.

Retirez les morceaux de lotte et réservez-les. Ajoutez un peu d'huile dans la cocotte, faites-y blondir l'ail et l'échalote tout en remuant. Ajoutez les tomates et faites-les réduire en remuant sans cesse. Ajoutez ensuite le vin, le piment de Cayenne et le bouquet garni. Laissez mijoter et quand tout semble bien cuit, remettez les morceaux de lotte. Laissez cuire environ 10 minutes en surveillant.

Retirez les morceaux de lotte et réservez-les au chaud.

Passez le jus restant au mixeur et liez ensuite avec la crème.

Replacez la sauce et la lotte dans la cocotte quelques minutes à feu doux avant de servir.

## Marmite du pêcheur

Pour 4 personnes • Préparation : 15 min • Cuisson : 15 min

*Ingrédients*

- *8 noix de Saint-Jacques*
- *200 g de poisson blanc (cabillaud, flétan, églefin…)*
- *8 crevettes roses décortiquées*
- *12 cl de bière blonde*
- *1 cuil. à soupe de curry*

**Pour la béchamel**

- *2 cuil. à soupe d'huile d'olive*
- *20 g de farine de pois chiches*
- *12 cl de lait 1/2 écrémé*
- *sel, poivre*

**Réalisation**

Nettoyez les noix de Saint-Jacques. Versez la bière dans une cocotte et portez à ébullition. Ajoutez les noix de Saint-Jacques, le poisson et les crevettes. Poivrez.

Prolongez la cuisson dans la bière sur feu vif pendant 5 minutes. Retirez du feu et sortez les fruits de mer et le poisson à l'aide d'une écumoire. Filtrez et réservez le jus de cuisson.

Préchauffez le four en position gril. Dans une casserole, faites chauffer l'huile d'olive. Ajoutez la farine de pois chiches. Mélangez bien. Versez doucement le lait puis le jus de cuisson réservé et le curry en fouettant sans cesse jusqu'à épaississement. Salez et poivrez.

Mettez les fruits de mer et le poisson dans un plat à gratin, nappez-les de sauce et enfournez pendant 6 minutes environ.

**LE CONSEIL DU CHEF**

*Vous pouvez ajouter un peu de fromage râpé sur le dessus du plat et faire gratiner cette marmite du pêcheur.*

## Mille-feuille de rouget

Pour 4 personnes • Préparation : 15 min •
Cuisson : 15 min • Réfrigération : 1 h

*Ingrédients*

- *8 filets de rouget*
- *3 oranges*
- *8 tranches de viande des Grisons*
- *8 tomates séchées*
- *4 filets d'anchois*
- *1/2 citron*
- *2 cuil. à soupe de basilic frais haché*
- *farine de pois chiches*
- *huile d'olive*
- *sel, poivre*

### Réalisation

Dans un plat, déposez les filets de rouget les uns à côté des autres. Arrosez-les d'un filet d'huile d'olive puis poivrez-les légèrement.

Pelez une orange à vif et coupez-la en rondelles. Déposez ces rondelles sur les filets de rouget. Recouvrez votre plat d'un film alimentaire et réservez au frais pendant 1 heure.

Faites griller légèrement la viande des Grisons sous le gril du four puis réservez-la en la plaçant sur du papier absorbant.

Pressez les 2 oranges restantes et un demi-citron.

Retirez les filets de rouget du plat (conservez les rondelles d'orange et le jus de la marinade), salez-les et passez-les dans la farine de pois chiches. Dans une poêle bien chaude, faites dorer les filets de poisson côté peau dans de l'huile d'olive. Faites-les ensuite dorer de l'autre côté. Retirez les filets de la poêle et réservez-les.

Dans cette même poêle, déposez les anchois et le jus de la marinade. Faites cuire les anchois puis écrasez-les.

Ajoutez ensuite les jus d'orange et de citron et faites cuire à feu vif. Laissez réduire la sauce.

Pour le dressage, déposez dans l'ordre un filet de rouget, une tranche de tomate séchée, une rondelle d'orange et enfin une tranche de viande des Grisons. Parsemez de basilic. Arrosez de la sauce aux anchois.

## Moules cuisinées à la tomate

Pour 4 personnes • Préparation : 15 min • Cuisson : 15 min

*Ingrédients*

- *1 kg de moules grattées et nettoyées*
- *1 poivron vert*
- *2 oignons finement hachés*
- *6 gousses d'ail finement hachées*
- *400 g de tomates concassées*
- *piment doux*
- *30 cl de vin blanc sec*
- *2 cuil. à soupe de coriandre fraîche hachée*
- *2 cuil. à soupe d'huile d'olive*
- *sel*

**Réalisation**

Lavez le poivron vert et émincez-le en fines lamelles.

Dans une grande cocotte, faites chauffer l'huile d'olive à feu modéré puis faites-y revenir l'oignon, l'ail et le poivron pendant quelques minutes.

Ajoutez les tomates concassées, une pincée de piment et le vin blanc. Salez puis laissez mijoter une dizaine de minutes.

Ajoutez ensuite la coriandre hachée et les moules, montez le feu et couvrez la cocotte.

Au bout de 5 minutes environ, vérifiez que toutes les moules sont ouvertes.

## Paëlla au quinoa

Pour 4 personnes • Préparation : 20 min • Cuisson : 1 h

*Ingrédients*

- *4 petites cuisses de poulet sans la peau*
- *8 crevettes roses*
- *200 g d'encornets nettoyés et coupés en rondelles*
- *12 moules d'Espagne (grosses moules)*
- *200 g de chorizo en rondelles*
- *1 poivron vert*
- *1 oignon*
- *bouillon de volaille dégraissé (1,5 fois le volume du quinoa)*
- *300 g de quinoa*
- *200 g de tomates concassées*
- *200 g de petits pois surgelés*
- *quelques pistils de safran*
- *huile d'olive*
- *2 citrons*
- *sel, poivre*

**Réalisation**

Lavez et découpez le poivron en petits dés. Épluchez et émincez l'oignon. Lavez et grattez les moules.
Dans une cocotte, chauffez 3 cuillères à soupe d'huile d'olive sur feu moyen. Faites revenir le poivron et l'oignon pendant une dizaine de minutes. Retirez de la cocotte et réservez.
Dans la cocotte, faites dorer les cuisses de poulet 10 minutes sur chaque face. Retirez-les de la cocotte et réservez. Ajoutez un peu d'huile dans la cocotte si besoin. Faites cuire les crevettes pendant 3 à 4 minutes. Retirez de la cocotte et réservez.
Faites cuire les encornets 5 minutes en remuant bien. Otez-les et réservez au chaud avec le reste.
Préparez deux fois le volume du quinoa en bouillon de volaille dégraissé. Ajoutez une cuillère à soupe d'huile d'olive dans la cocotte. Faites revenir les tomates

concassées quelques minutes avec un peu de safran. Salez et poivrez. Ajoutez le quinoa. Mélangez bien pour que les grains de quinoa s'enduisent d'huile.
Ajoutez les poivrons et les oignons et mouillez le tout avec le bouillon de volaille dégraissé. Mélangez bien. Placez de nouveau dans la cocotte le poulet et les fruits de mer. Laissez cuire à feu doux et à couvert pendant 25 minutes, en surveillant qu'il y ait suffisamment de liquide. Dix minutes avant la fin de la cuisson, ajoutez les petits pois et plantez les moules tête en bas.
Servez avec 1/2 citron par personne.

## Papillotes de cabillaud à l'italienne

Pour 4 personnes • Préparation : 10 min • Cuisson : 15 min

*Ingrédients*

- *4 dos de cabillaud*
- *1 courgette*
- *2 tomates*
- *4 filets d'anchois*
- *origan*
- *2 cuil. à soupe de basilic frais haché*
- *huile d'olive*
- *sel, poivre*

**Réalisation**

Préchauffez le four à 210 °C (th. 7). Lavez la courgette, coupez les extrémités et coupez-la en fines rondelles. Lavez les tomates et coupez-les en petits quartiers.
Découpez 4 carrés de papier sulfurisé pour réaliser les papillotes. Dans chacune d'elles, déposez 1/4 des courgettes, un dos de cabillaud, un filet d'anchois et 1/4 des tomates.
Salez, poivrez, parsemez de basilic et d'origan. Arrosez d'un filet d'huile d'olive, fermez les papillotes et enfournez 15 minutes.

## Papillotes de filets de sole

Pour 4 personnes • Préparation : 10 min • Cuisson : 15 min

*Ingrédients*

- *8 filets de soles*
- *120 g de petites crevettes grises cuites*
- *8 brins de ciboulette*
- *2 branches de persil plat*
- *2 citrons*
- *4 cuil. à soupe de crème de soja*
- *2 cuil. à soupe de farine de pois chiches*
- *4 cuil. à soupe d'huile d'olive*
- *sel, poivre*

### Réalisation

Préchauffez le four à 180 °C (th. 6).

Lavez et ciselez la ciboulette. Effeuillez le persil. Lavez et coupez un des citrons en rondelles. Pressez le jus de l'autre citron.

Dans un bol, mélangez le jus de citron, l'huile d'olive, la ciboulette et la crème de soja. Salez et poivrez.

Découpez 4 grands carrés de papier sulfurisé. Parsemez chaque filet de farine de pois chiches sur les deux faces. Placez 2 filets par papillote avec une rondelle de citron et de la sauce au citron. Ajoutez ensuite les crevettes grises décortiquées et les feuilles de persil plat.

Fermez les papillotes et enfournez 15 minutes. Servez bien chaud.

## Papillotes de lieu noir et légumes croustillants

Pour 4 personnes • Préparation : 15 min • Cuisson : 20 min

*Ingrédients*

- *4 filets de lieu noir*
- *1 poivron vert*
- *2 tomates*
- *1/4 de bulbe de fenouil*
- *2 échalotes*
- *curcuma*
- *huile d'olive*
- *le jus d'1/2 citron*
- *sel, poivre*

### Réalisation

Préchauffez le four à 180 °C (th. 6).

Lavez le poivron et enlevez les côtes et les graines. Coupez-le en julienne. Faites-le revenir 5 minutes dans une poêle avec de l'huile d'olive.

Lavez et coupez les tomates en dés. Lavez et émincez le fenouil. Épluchez et émincez les échalotes. Découpez 4 carrés dans du papier sulfurisé. Dans chaque carré, disposez un lit de légumes, un filet de poisson, une pincée de curcuma, un filet d'huile d'olive, du sel et du poivre. Fermez les papillotes, disposez-les dans un plat et enfournez pendant 15 minutes. Arrosez d'un filet de jus de citron avant de servir.

## Papillotes de saumon à la tapenade

Pour 4 personnes • Préparation : 10 min • Cuisson : 10-15 min

*Ingrédients*

- *4 pavés de saumon*
- *2 oignons*
- *4 cuil. à soupe de tapenade*
- *4 filets d'anchois*
- *huile d'olive*

### Réalisation

Préchauffez le four à 210 °C (th. 7).

Épluchez et émincez les oignons. Dans une poêle, faites-les blondir dans un peu d'huile d'olive.

Retirez la peau des pavés de saumon. Dans des papillotes individuelles, déposez un lit d'oignons puis un pavé de saumon. Recouvrez les pavés de saumon d'une cuillère à soupe de tapenade chacun et déposez un filet d'anchois. Refermez les papillotes, enfournez pendant 10 à 15 minutes.

## Petites truites farcies au four

Pour 4 personnes • Préparation : 10 min • Cuisson : 20 min

*Ingrédients*

- *4 truites vidées*
- *200 g de feuilles d'oseille hachées*
- *200 de feuilles d'épinard hachées*
- *2 oignons*
- *2 échalotes hachées*
- *20 cl de vin blanc sec*
- *3 cuil. à soupe de cerfeuil, de persil et d'estragon hachés*
- *1 cuil. à soupe de moutarde*
- *10 cl de crème de soja*
- *le jus d'1/2 citron*
- *huile d'olive*
- *sel, poivre*

**Réalisation**

Préchauffez le four à 180 °C (th. 6). Dans une grande poêle avec de l'huile d'olive, faites fondre les feuilles d'oseille et d'épinard hachées. Assaisonnez. Farcissez les truites de ce mélange.

Épluchez et émincez les oignons et les échalotes. Faites dorer les oignons dans une poêle avec de l'huile d'olive. Dans un plat à gratin légèrement huilé, disposez 4 lits d'oignons, posez les truites par-dessus et mouillez avec le vin blanc. Enfournez pendant 15 minutes.

Faites fondre les échalotes avec un peu d'huile d'olive. Quand les truites sont cuites, réservez-les au chaud et prélevez le jus de cuisson. Faites réduire de moitié le jus de cuisson, ajoutez alors les échalotes, le cerfeuil, le persil et l'estragon hachés.

Ajoutez ensuite la moutarde, la crème de soja et le jus de citron. Assaisonnez à votre convenance et mélangez bien. Servez cette sauce avec les truites.

## Poêlée de gambas

Pour 4 personnes • Préparation : 10 min • Cuisson : 15 min

*Ingrédients*

- *20 queues de gambas crues épluchées*
- *1 poivron rouge*
- *1 poivron jaune*
- *200 g de pois mange-tout*
- *100 g de pousses de soja (haricot mungo)*
- *5 g de gingembre frais*
- *4 cuil à soupe de coriandre fraîche hachée*
- *2 cuil. à soupe de sauce soja*
- *4 cuil. à soupe d'huile d'olive*
- *sel, poivre*

### Réalisation

Lavez les poivrons, coupez-les en deux, retirez les graines et les côtes. Taillez les poivrons en julienne. Lavez les pois mange-tout et les pousses de soja. Épluchez et râpez le gingembre.

Dans une grande poêle, faites chauffez l'huile d'olive et ajoutez le gingembre. Ajoutez ensuite les poivrons et les pousses de soja et faites sauter le tout à feu vif 5 minutes. Puis ajoutez les gambas et les pois mange-tout. Poursuivez la cuisson 5 minutes. Ajoutez la sauce soja et laissez cuire encore quelques minutes.

Assaisonnez à votre convenance et parsemez de coriandre.

## Spaghettis aux coques

Pour 4 personnes • Préparation : 10 min • Cuisson : 10 min

*Ingrédients*

- *400 g de spaghettis Montignac IG 10*
- *1 kg de coques (ou autre coquillage)*
- *25 cl de vin blanc sec*
- *2 oignons*
- *2 gousses d'ail*
- *le jus d'1/2 citron*
- *3 cuil. à soupe de persil frais haché*
- *huile d'olive*
- *sel, poivre*

### Réalisation

Nettoyez soigneusement les coquillages à l'eau claire. Dans une grosse cocotte, faites chauffer un grand volume d'eau salée pour la cuisson des pâtes. Une fois que l'eau arrive à ébullition, plongez vos spaghettis pour une cuisson al dente de 5 minutes.

Pendant ce temps, versez les coquillages dans une grande casserole avec le vin blanc sur feu vif. Au bout de quelques minutes, les coques doivent s'ouvrir. Si certains coquillages ne s'ouvrent pas, jetez-les.

Versez les coques dans une passoire en prenant soin de conserver le jus de cuisson. Enlevez les coques de leur coquille. Filtrez le jus de cuisson et réservez.

Dans une poêle, faites revenir les oignons émincés puis l'ail haché dans un filet d'huile d'olive. Ajoutez le jus de cuisson des coquillages et laissez réduire plus de la moitié. Ajoutez le jus de citron, salez et poivrez. Ajoutez enfin les coquillages et versez la préparation sur les spaghettis.

Parsemez de persil frais haché. Mélangez et servez chaud.

## Tagliatelles au saumon et aux brocolis

Pour 4 personnes • Préparation : 10 min • Cuisson : 20 min

*Ingrédients*

- *500 g de tagliatelles Montignac à IG 10*
- *400 g de filet de saumon*
- *1 brocoli*
- *1 gousse d'ail*
- *20 cl de crème de soja*
- *1 cuil. à soupe de persil frais haché*
- *huile d'olive*
- *sel, poivre*

### Réalisation

Faites chauffer un grand volume d'eau salée pour la cuisson des tagliatelles. Une fois à ébullition, plongez les pâtes dans l'eau, remuez et laissez cuire le temps indiqué sur l'emballage (5 minutes al dente). Une fois cuites, égouttez les pâtes et réservez-les.

Lavez le brocoli et séparez-le en petits bouquets. Faites-les cuire à la vapeur 10 à 15 minutes environ. Réservez les bouquets de brocoli.

Détaillez le filet de saumon en fines tranches puis faites-les revenir quelques minutes dans une poêle avec de l'huile d'olive. Réservez-les.

Dans la même poêle, versez de nouveau un filet d'huile d'olive. Pelez et hachez finement la gousse d'ail avant de la faire revenir dans l'huile. Ajoutez ensuite les bouquets de brocoli et laissez cuire pendant quelques minutes. Versez ensuite les tagliatelles. Salez et poivrez puis ajoutez la crème de soja.

Baissez le feu et remuez délicatement. Ajoutez le saumon puis le persil haché. Servez sans attendre.

## Tartare de dorade à la coriandre

Pour 4 personnes • Préparation : 15 min • Réfrigération : 1 h

*Ingrédients*

- *600 g de filet de dorade sans la peau*
- *2 échalotes*
- *1 cuil. à soupe de câpres*
- *20 grains de coriandre*
- *10 brins de ciboulette ciselée*
- *10 gouttes de Tabasco*
- *3 cuil. à soupe d'huile d'olive*
- *1 cuil. à café de moutarde forte*
- *1 cuil. à soupe de jus de citron vert*
- *sel, poivre*

### Réalisation

Coupez la dorade en petits dés. Épluchez et hachez les échalotes, hachez les câpres et concassez les grains de coriandre.

Dans un saladier, mélangez la dorade, les échalotes, les câpres, la coriandre, la ciboulette, le Tabasco, l'huile d'olive, la moutarde et le jus de citron vert. Salez et poivrez. Réservez au réfrigérateur au moins 1 heure.

## Thon au parmesan

Pour 4 personnes • Préparation : 10 min •
Cuisson : 10 min • Réfrigération : 1 h

*Ingrédients*

- *4 pavés de thon blanc*
- *1 petit verre de vin blanc sec*
- *le jus d'1/2 citron*
- *4 branches de thym*
- *100 g de parmesan râpé*
- *huile d'olive*
- *sel, poivre*

### Réalisation

Préparez la marinade : dans un plat creux, versez le vin blanc, le jus de citron, un filet d'huile d'olive et les branches de thym. Placez les pavés de thon dans la marinade et retournez-les. Recouvrez d'un film plastique et mettez au réfrigérateur pendant 1 heure.

Sortez les pavés de thon de la marinade et déposez-les sur du papier absorbant. Nappez-les d'huile d'olive.

Préchauffez le four à 180 °C (th. 6). Versez le parmesan dans une assiette creuse puis déposez les pavés de thon dans le parmesan en veillant à ce que chaque partie soit recouverte. Assaisonnez les pavés à votre convenance.

Recouvrez la plaque de votre four d'une feuille de papier sulfurisé légèrement huilée. Déposez-y les pavés de thon et enfournez pendant 5 minutes. Retournez ensuite les pavés et laissez à nouveau cuire 5 minutes.

## Aiguillettes de canard au sirop d'agave

Pour 4 personnes • Préparation : 10 min • Cuisson : 10 min

*Ingrédients*

- *600 g d'aiguillettes de canard*
- *1 cuil. à soupe de fructose*
- *2 cuil. à soupe de vinaigre balsamique*
- *4 cuil. à soupe de sirop d'agave*
- *huile d'olive*
- *sel, poivre*

### Réalisation

Faites chauffer 3 cuillères à soupe d'huile d'olive dans une poêle avec 1 cuillère à soupe d'eau et le fructose. Faites-y revenir rapidement les aiguillettes de canard jusqu'à ce qu'elles soient bien cuites. Retirez-les ensuite de la poêle et réservez-les.

Déglacez la poêle avec le vinaigre (grattez bien avec une cuillère en bois pour décoller les sucs), puis ajoutez le sirop d'agave.

Laissez mijoter deux ou trois minutes puis replacez-y le canard pour le réchauffer.

## Aubergines à la bolognaise

Pour 4 personnes • Préparation : 15 min • Cuisson : 20 min

*Ingrédients*

- *4 aubergines*
- *2 oignons*
- *200 g de fromage râpé*
- *huile d'olive*

**Pour la sauce bolognaise**

- *6 tomates*
- *4 cuil. à soupe d'huile d'olive*
- *1 cuil. à café de piment doux*
- *1/2 cuil. à café de cumin*
- *1 gousse d'ail écrasée*
- *200 g de viande hachée*
- *sel, poivre*

### Réalisation

Lavez les aubergines et découpez-les dans le sens de la longueur en tranches de 1 cm d'épaisseur. Faites-les cuire dans de l'huile d'olive, salez et égouttez les tranches sur du papier absorbant.

Épluchez et émincez les oignons. Faites-les blondir dans une poêle avec un peu d'huile d'olive. Salez et poivrez.

Préchauffez le gril du four.

Pour la sauce bolognaise, ébouillantez, pelez, équeutez et épépinez les tomates. Découpez-les en petits morceaux et faites-les revenir dans une cocotte sur feu doux, avec un peu d'huile d'olive. Salez, poivrez et ajoutez le piment doux, le cumin et l'ail écrasé. Incorporez la viande hachée et faites cuire tout en remuant avec une spatule en bois jusqu'à cuisson de la viande hachée et évaporation de l'eau.

Disposez les tranches d'aubergines sur une plaque à four, garnissez-les de sauce bolognaise et d'oignons blondis puis parsemez de fromage râpé. Enfournez pendant 5 minutes pour faire gratiner le fromage.

## Blancs de poulet au jambon cuit

Pour 4 personnes • Préparation : 10 min • Cuisson : 30 min

*Ingrédients*

- *4 blancs de poulet*
- *1 cuil. à soupe de graisse d'oie*
- *4 tranches de jambon cuit à l'os (découenné)*
- *30 cl de crème de soja*
- *noix de muscade*
- *4 cuil. à soupe de persil frais haché*
- *sel, poivre*

**Réalisation**

Préchauffez le four à 180 °C (th. 6). Mettez les blancs de poulet dans un plat allant au four. Badigeonnez-les de graisse d'oie. Salez et poivrez. Enfournez pendant 20 minutes.

Hachez les tranches de jambon et mélangez-les à la crème de soja. Ajoutez un peu de noix de muscade et mélangez.

Sortez le plat du four et coupez les blancs de poulet en petits morceaux. Replacez-les dans le plat de cuisson et nappez-les avec la crème. Baissez le four à 100 °C (th. 3) et laissez cuire 10 minutes supplémentaires. Parsemez de persil avant de servir.

## Brochettes de bœuf au curry

Pour 4 personnes • Préparation : 10 min • Cuisson : 5 min

*Ingrédients*

- *4 filets de bœuf*
- *2 gousses d'ail*
- *2 yaourts au soja*
- *2 cuil. à soupe de menthe fraîche hachée*
- *2 cuil. à soupe de curry en poudre*
- *5 petits oignons nouveaux avec leur tige*
- *huile d'olive*
- *sel, poivre*
- *piques à brochettes*

### Réalisation

Épluchez et hachez l'ail puis mélangez-le avec les yaourts, la menthe et une cuillère à soupe de curry. Salez, poivrez et conservez au réfrigérateur.

Épluchez et coupez les oignons (tige comprise) en tronçons d'environ 4 cm. Taillez la viande en cubes puis montez des petites brochettes en alternant des morceaux de viande et d'oignon. Assaisonnez à votre convenance et saupoudrez avec le reste du curry.

Faites cuire ces brochettes dans une poêle avec un peu d'huile d'olive en les retournant. Dégustez-les accompagnées de la sauce au yaourt.

## Brochettes de poulet mariné

Pour 4 personnes • Préparation : 10 min •
Cuisson : 10 min • Réfrigération : 1 h

*Ingrédients*

- *4 blancs de poulet*
- *1 gousse d'ail*
- *le jus de 2 citrons*
- *2 cuil. à soupe d'huile d'olive*
- *1/2 cuil. à café de cumin*
- *1 cuil. à café de thym*
- *1 poivron vert*
- *2 oignons*
- *sel, poivre*
- *piques à brochettes*

### Réalisation

Coupez les blancs de poulet en morceaux et mettez-les dans un plat creux avec l'ail haché, le jus des citrons, l'huile d'olive, le cumin, le thym, du sel et du poivre. Couvrez d'un film plastique et laissez au réfrigérateur au moins 1 heure.
Lavez le poivron et enlevez les graines et les côtes. Taillez-le en carrés. Épluchez les oignons, coupez-les en quatre.
Préparez les brochettes en intercalant les morceaux de poulet et les légumes. Badigeonnez-les avec la marinade et faites-les cuire au barbecue ou sous le gril du four 5 minutes de chaque côté.

## Canard laqué

Pour 6 personnes • Préparation : 10 min •
Cuisson : 1 h 40 • Réfrigération : 5 h

*Ingrédients*

- *1 canard de Barbarie prêt à cuire d'environ 2,5 kg*

**Pour la sauce à laquer**

- *2 gousses d'ail*
- *5 cuil. à soupe de sauce soja*
- *1 cuil. à soupe de cinq-épices*
- *3 cuil. à soupe de sirop d'agave*
- *1 cuil. à café d'huile de colza*
- *1 cuil. à soupe de vinaigre d'alcool*
- *1 cuil. à soupe de farine de pois chiches*

### Réalisation

Épluchez puis hachez finement les gousses d'ail. Dans un bol, mélangez tous les ingrédients pour la sauce à laquer.

À l'aide d'une fourchette, piquez à plusieurs endroits la peau du canard afin de faire des trous. Placez le canard dans un plat allant au four. À l'aide d'un pinceau à pâtisserie, badigeonnez-le généreusement de sauce à laquer. Placez-le ensuite au réfrigérateur une nuit (5 heures minimum). Conservez le surplus de sauce à laquer pour la cuisson.

Préchauffez le four à 210 °C (th. 7). Recouvrez le canard de papier sulfurisé et enfournez-le pendant 1 heure. Baissez le four à 170 °C (th. 5-6). Retirez le papier sulfurisé et continuez la cuisson encore 40 minutes, en badigeonnant le canard avec le reste de la sauce toutes les 10 minutes. Découpez le canard laqué avant de servir.

## Côtelettes d'agneau aux olives noires

Pour 4 personnes • Préparation : 15 min • Cuisson : 15 min

*Ingrédients*

- *12 côtelettes d'agneau*
- *1 gousse d'ail écrasée*
- *farine de pois chiches*
- *150 g d'olives noires dénoyautées*
- *origan*
- *le jus d'1 citron*
- *huile d'olive*
- *sel, poivre*

### Réalisation

Dans une poêle, faites chauffer un filet d'huile d'olive avec la gousse d'ail.

Farinez légèrement les côtelettes de chaque côté. Faites-les revenir à feu vif jusqu'à ce qu'elles soient bien dorées des deux côtés. Salez et poivrez.

Coupez grossièrement les olives noires et ajoutez-les dans la poêle. Saupoudrez d'une pincée d'origan, ajoutez le jus de citron.

Rectifiez l'assaisonnement à votre convenance avant de servir.

## Côtes de porc aux petits pois et au chorizo

Pour 4 personnes • Préparation : 10 min • Cuisson : 15 min

*Ingrédients*

- *4 côtes de porc*
- *8 tranches fines de chorizo*
- *2 échalotes*
- *800 g de petits pois frais ou surgelés*
- *2 cuil. à soupe de vin blanc sec*
- *4 cuil. à soupe de crème de soja*
- *huile d'olive*
- *sel, poivre*

### Réalisation

Épluchez et émincez les échalotes.

Dans une grande sauteuse, faites chauffer de l'huile d'olive et faites sauter les côtes de porc des deux côtés.

Réservez-les au chaud et faites rissoler les échalotes.

Replacez les côtes de porc dans la sauteuse. Ajoutez le chorizo et les petits pois puis le vin blanc. Laissez mijoter quelques minutes (le vin doit presque totalement réduire) puis versez la crème.

Salez, poivrez et servez sans attendre.

## Côtes de veau à la normande

Pour 4 personnes • Préparation : 10 min • Cuisson : 15 min

*Ingrédients*

- *4 côtes de veau*
- *500 g de champignons de Paris*
- *2 cuil. à soupe de calvados*
- *4 cuil. à soupe de crème de soja*
- *2 cuil. à soupe de ciboulette ciselée*
- *huile d'olive*
- *sel, poivre*

### Réalisation

Dans une grande poêle, faites chauffer l'huile d'olive et faites revenir les côtes de veau, d'abord à feu doux puis à feu vif pour ne pas dessécher la viande. Flambez-les au calvados et réservez-les au chaud.

Nettoyez et émincez les champignons. Faites-les cuire à feu moyen et à sec quelques minutes puis ajoutez un peu d'huile d'olive dans la poêle.

Ajoutez la crème de soja et baissez le feu. Replacez les côtes de veau dans la poêle et laissez mijoter quelques minutes supplémentaires.

Assaisonnez à votre convenance et parsemez de ciboulette avant de servir.

## Cuisses de poulet aux abricots et aux amandes

Pour 4 personnes • Préparation : 15 min • Cuisson : 50 min

*Ingrédients*

- *4 cuisses de poulet sans la peau*
- *1 gros oignon haché*
- *3 gousses d'ail hachées*
- *paprika*
- *safran*
- *100 g d'abricots secs*
- *1 bouillon cube de volaille dégraissé*
- *50 g d'amandes effilées*
- *1 cuil. à soupe d'huile d'olive*
- *sel, poivre*

**Réalisation**

Préchauffez le four à 210 °C (th. 7).

Dans une poêle chaude, versez l'huile d'olive et faites revenir l'oignon avec l'ail, le sel, une pincée de paprika et quelques pistils de safran.

Quand les oignons sont bien dorés, ajoutez les cuisses de poulet et faites-les dorer sur toutes les faces pendant quelques minutes.

Coupez les abricots secs en deux et mélangez-les avec le bouillon cube que vous aurez préalablement dilué dans un fond d'eau tiède. Dans un plat allant au four, disposez les cuisses de poulet, le mélange d'oignons et les épices. Ajoutez le bouillon de volaille et les abricots secs sur les cuisses de poulet et parsemez d'amandes effilées. Enfournez environ 40 minutes.

## Cuisses de poulet à l'espagnole

Pour 4 personnes • Préparation : 15 min • Cuisson : 1h

*Ingrédients*

- *4 cuisses de poulet sans la peau*
- *4 cuil. à soupe de farine de pois chiches*
- *1 cuil. à soupe d'ail haché*
- *1 oignon*
- *500 g de tomates pelées*
- *25 cl de bouillon de volaille dégraissé*
- *2 cuil. à soupe d'huile d'olive*
- *sel, poivre*

### Réalisation

Préchauffez le four à 200 °C (th. 7).

Roulez les cuisses de poulet dans la farine. Mettez l'huile à chauffer à feu moyen dans une poêle, puis faites dorer le poulet en le retournant fréquemment. Retirez la viande de la poêle et réservez-la, puis remettez la poêle à chauffer et faites-y revenir l'ail et l'oignon

Ajoutez les tomates pelées et poursuivez la cuisson pendant 15 minutes. Retirez du feu et réduisez ce mélange en purée au mixeur, avec le bouillon de volaille. Salez et poivrez.

Déposez les cuisses de poulet dans un plat allant au four. Recouvrez les cuisses de la purée de tomate. Couvrez le plat de papier sulfurisé et enfournez 35 minutes.

Au bout de ce temps, retirez le papier sulfurisé, retournez le poulet dans la sauce, ôtez l'excédent de liquide s'il y en a et poursuivez la cuisson au four pendant environ 10 minutes.

## Émincé de dinde aux tomates séchées

Pour 4 personnes • Préparation : 10 min • Cuisson : 10 min

*Ingrédients*

- *4 escalopes de dinde*
- *2 gousses d'ail écrasées*
- *1 cuil. à soupe d'estragon frais ou surgelé*
- *1 cuil. à café de paprika*
- *20 cl de crème de soja*
- *150 g de tomates séchées*
- *huile d'olive*
- *sel, poivre*

### Réalisation

Émincez les escalopes de dinde en lamelles. Dans un plat creux, mélangez 1 cuillère à soupe d'huile d'olive avec l'ail écrasé, l'estragon et le paprika. Mélangez et laissez mariner 10 minutes.

Dans une poêle antiadhésive très chaude, faites sauter les lamelles de dinde 5 minutes à feu vif puis versez la crème. Salez, poivrez et ajoutez les tomates séchées coupées en gros morceaux. Laissez cuire encore quelques minutes. Servez sans attendre.

## Escalopes de dinde au chèvre

Pour 4 personnes • Préparation : 10 min • Cuisson : 10 min

*Ingrédients*

- *4 escalopes de dinde*
- *1 bûche de fromage de chèvre*
- *2 tomates*
- *2 branches de romarin*
- *4 cuil. à soupe d'huile d'olive*
- *sel, poivre*

### Réalisation

Préchauffez le four à 180 °C (th. 6). Coupez les escalopes en deux et le chèvre en huit tranches assez épaisses. Lavez les tomates et coupez-les en quatre tranches épaisses puis effeuillez le romarin.

Disposez les escalopes dans un plat à gratin et déposez sur chacune d'elles une tranche de tomate et une tranche de chèvre, salez, poivrez, arrosez d'un filet d'huile d'olive, saupoudrez de romarin. Enfournez 10 minutes.

Servez les escalopes de dinde arrosées du jus de cuisson.

## Escalopes de veau aux petites tomates

Pour 4 personnes • Préparation : 10 min • Cuisson : 10 min

*Ingrédients*

- *4 escalopes de veau de 150 g chacune*
- *40 tomates cerise*
- *4 branches de thym*
- *4 feuilles de laurier*
- *4 gousses d'ail hachées*
- *4 cuil. à soupe de sauce soja*
- *huile d'olive*
- *sel, poivre*

**Réalisation**

Dans une grande poêle, faites chauffer de l'huile d'olive. Salez et poivrez les escalopes puis faites-les sauter de chaque côté. Ajoutez le thym et le laurier, baissez le feu et poursuivez la cuisson 5 minutes en arrosant régulièrement les escalopes.

Dans une autres poêle antiadhésive, mettez de l'huile d'olive et faites cuire les tomates cerise. Ajoutez ensuite l'ail haché et la sauce soja. Poursuivez la cuisson quelques minutes.

Servez les escalopes avec les tomates et le jus de cuisson. Rectifiez l'assaisonnement à votre convenance.

## Filet mignon à la framboise

Pour 4 personnes • Préparation : 15 min • Cuisson : 50 min

*Ingrédients*

- *1 filet mignon de 600 g environ*
- *3 oignons*
- *4 branches de thym*
- *4 feuilles de laurier*
- *4 cuil. à soupe de vinaigre de framboise*
- *4 cuil. à soupe de spécialité aux framboises (confiture) Montignac*
- *huile d'olive*
- *sel, poivre*

### Réalisation

Épluchez les oignons et émincez-les. Dans une cocotte, faites dorer le filet mignon avec de l'huile d'olive. Salez et poivrez. Une fois le filet mignon doré, ajoutez un verre et demi d'eau ainsi que le thym, le laurier et les oignons. Faites mijoter à feu doux et à couvert pendant 30 à 40 minutes. Retournez le filet mignon régulièrement.

Retirez tous les ingrédients de la cocotte et laissez réduire le jus de cuisson. Ajoutez le vinaigre, faites-le évaporer pendant quelques minutes. Ajoutez ensuite la confiture puis faites réduire pendant quelques minutes. Remettez le filet mignon et les oignons dans la cocotte pour qu'ils s'imprègnent un peu de sauce avant de servir.

## Foie de veau à la crème de persil

Pour 4 personnes • Préparation : 10 min • Cuisson : 5 min

*Ingrédients*

- *4 escalopes de foie de veau*
- *1 botte de persil*
- *1 yaourt au soja*
- *huile d'olive*
- *sel, poivre*

**Réalisation**

Lavez et effeuillez le persil. Dans le bol d'un mixeur, placez le yaourt, les feuilles de persil, salez et poivrez. Mixez le tout.

Versez un peu d'huile d'olive dans une poêle antiadhésive et faites cuire les escalopes de foie.

En fin de cuisson, ajoutez la sauce et servez aussitôt. Rectifiez l'assaisonnement selon votre goût.

## Paupiettes de lapin persillées

Pour 4 personnes • Préparation : 15 min • Cuisson : 20-30 min

*Ingrédients*

- *4 râbles de lapin désossés*
- *1 gousse d'ail*
- *2 cuil. à soupe de persil frais haché*
- *120 g de fromage de chèvre (2 petits mi-frais)*
- *4 tranches de pancetta*
- *huile d'olive*
- *sel, poivre*
- *ficelle alimentaire*

**Réalisation**

Préchauffez votre four à 180 °C (th. 6). Déposez vos râbles de lapin sur votre plan de travail, recouvrez-les d'un film alimentaire et, à l'aide d'un rouleau à pâtisserie (ou d'une bouteille), aplatissez-les.

Retirez le film alimentaire puis salez et poivrez les râbles. Épluchez et hachez l'ail. Mélangez l'ail et le persil puis déposez cette persillade sur chaque râble.

Découpez les fromages en deux dans le sens de l'épaisseur et déposez-en un morceau sur chaque persillade.

Roulez la viande sur elle-même pour former des paupiettes. Enveloppez chaque rouleau de pancetta et ficelez le tout.

Dans un plat allant au four, déposez vos râbles de lapin, arrosez d'un filet d'huile d'olive, salez et poivrez.

Enfournez pendant 20 à 30 minutes, selon la taille des râbles. Retournez les paupiettes au bout de 10 à 15 minutes afin que la cuisson soit uniforme.

## Poulet aux cacahuètes

Pour 4 personnes • Préparation : 15 min •
Cuisson : 10 min • Réfrigération : 30 min

*Ingrédients*

- *4 escalopes de poulet (150-200 g chacune)*
- *100 g de cacahuètes nature pilées*
- *1 cuil. à soupe de sauce soja*
- *1 cuil. à soupe de vinaigre de xérès*
- *1/2 cuil. à café de fructose*
- *1 blanc d'œuf*
- *2 cuil. à café de farine de pois chiches*
- *1 cuil. à soupe de ciboulette fraîche hachée*
- *1 cuil. à café de gingembre frais râpé*
- *1 cuil. à soupe d'huile de colza*

**Réalisation**

Découpez les escalopes de poulet en cubes d'environ 1 cm de côté.

Dans un grand bol, mélangez la sauce soja, le vinaigre, le fructose et le blanc d'œuf. Ajoutez le poulet en morceaux et laissez mariner 30 minutes au réfrigérateur.

Délayez la farine de pois chiches dans 1 cuillère à soupe d'eau froide.

Dans une poêle chaude, versez une cuillère à soupe d'huile de colza et faites revenir le poulet à feu moyen pendant 7-8 minutes tout en remuant sans cesse. Ajoutez ensuite les cacahuètes, la ciboulette et le gingembre. Laissez cuire encore quelques minutes.

Baissez le feu et ajoutez la farine délayée. Sans cesser de remuer, laissez 2 minutes sur le feu jusqu'à ce que tous les ingrédients soient recouverts d'un léger glaçage.

Servez sans attendre.

## Poulet tandoori

Pour 4 personnes • Préparation : 5 min •
Cuisson : 30 min • Réfrigération : 3 h

*Ingrédients*

- *4 cuisses de poulet*

**Pour la marinade**

- *2 cuil. à soupe d'épices tandoori (ou de pâte)*
- *1 yaourt au soja*
- *2 gousses d'ail écrasées*
- *6 cuil. à soupe de jus de citron*
- *2 cuil. à soupe d'huile d'olive*
- *sel*

### Réalisation

Mixez les épices tandoori, le yaourt, l'ail, le jus de citron, l'huile et salez. Plongez les cuisses de poulet dans cette marinade, couvrez et laissez reposer au réfrigérateur pendant 3 heures.

Préchauffez le four à 210 °C (th. 7).

Déposez le poulet dans un plat à gratin et enfournez pendant 30 minutes en retournant et en arrosant régulièrement les morceaux de poulet avec la marinade.

LE CONSEIL DU CHEF

*Si vous en avez le temps, l'idéal est de faire dégorger les aubergines pendant 1 heure avec du gros sel avant de les faire cuire.*

## Râbles de lapin à la tapenade

Pour 4 personnes • Préparation : 10 min • Cuisson : 15 min

*Ingrédients*

- *4 râbles de lapin*
- *1 gousse d'ail*
- *200 g de tapenade verte*
- *4 cuil. à café de thym*
- *huile d'olive*
- *sel, poivre*

### Réalisation

Préchauffez le four à 210 °C (th. 7).

Coupez la gousse d'ail en deux et frottez-en les râbles, sur toutes les faces.

Découpez 4 grands carrés de papier sulfurisé. Salez et poivrez les râbles puis déposez-les dans chaque carré sur un filet d'huile d'olive.

Étalez de la tapenade sur chaque râble et parsemez de thym.

Fermez les papillotes et enfournez pendant 15 minutes.

## Sauté d'agneau aux aubergines

Pour 4 personnes • Préparation : 15 min • Cuisson : 1 h 30

*Ingrédients*

- *600 g d'épaule d'agneau coupée en gros morceaux*
- *2 aubergines*
- *3 tomates*
- *3 oignons*
- *2 gousses d'ail écrasées*
- *2 cuil. à soupe de persil frais haché*
- *1 cuil. à soupe de basilic frais haché*
- *2 feuilles de laurier*
- *huile d'olive*
- *sel, poivre*

### Réalisation

Lavez les aubergines et retirez les extrémités. Coupez-les en bâtonnets assez épais. Ébouillantez les tomates quelques secondes et pelez-les. Coupez-les en cubes. Épluchez et émincez les oignons.

Dans une cocotte, faites chauffer 2 ou 3 cuillères à soupe d'huile d'olive et faites-y dorer la viande sur chaque face. Ajoutez les oignons puis l'ail écrasé et les tomates. Ajoutez ensuite le persil, le basilic et le laurier. Salez, poivrez et laissez mijoter à feu doux et à couvert pendant 1 heure. Surveillez la cuisson de temps en temps.

Dans une grande poêle antiadhésive, faites chauffer 2 cuillères à soupe d'huile d'olive et faites-y revenir les bâtonnets d'aubergine. Ajoutez les aubergines dans la cocotte et poursuivez la cuisson pendant encore 30 minutes.

**LE CONSEIL DU CHEF**

*Lors de la cuisson des tournedos, retournez la viande à l'aide de deux cuillères en bois. Ne la piquez pas avec une fourchette, elle perdrait tout son jus et deviendrait sèche et peu savoureuse.*

**ASTUCES**

*Ne salez la viande que lorsqu'elle est bien saisie pour qu'elle ne perde pas son sang.*

## Tournedos au poivre vert

Pour 4 personnes • Préparation : 10 min • Cuisson : 10 min

*Ingrédients*

- *4 tournedos d'environ 150 g chacun*
- *2 cuil. à soupe de poivre vert*
- *2 cuil. à soupe d'huile d'olive*
- *1 cuil. à soupe de cognac*
- *10 cl de vin blanc sec*
- *4 cuil. à soupe de crème fraîche allégée*
- *sel*

### Réalisation

Écrasez la moitié du poivre vert à l'aide d'un mortier (ou dans un torchon, avec un rouleau à pâtisserie, si vous n'avez pas de mortier). Avec le dos d'une cuillère, incrustez-le dans la viande crue.

Badigeonnez ensuite les deux faces de la viande avec de l'huile d'olive et faites griller les tournedos dans une poêle antiadhésive, à feu vif, 2 minutes de chaque côté. Flambez-les au cognac et réservez au chaud.

Versez le vin blanc dans la poêle, ajoutez le restant de poivre vert. Laissez réduire de moitié et ajoutez la crème fraîche. Laissez cuire quelques minutes supplémentaires. Salez et servez cette sauce à côté ou sur les tournedos.

## Wok de bœuf aux graines de sésame

Pour 4 personnes • Préparation : 15 min • Cuisson : 15 min

*Ingrédients*

- *600 g de filet de bœuf*
- *2 oignons*
- *2 cuil. à soupe de graines de sésame*
- *600 g de petits pois surgelés*
- *100 g de pousses de soja (haricot mungo)*
- *3 cuil. à soupe de sauce soja*
- *3 cuil. à soupe d'huile d'olive*
- *sel, poivre*

### Réalisation

Coupez le bœuf en lamelles. Épluchez et émincez les oignons. Faites chauffer l'huile dans un wok et faites-y revenir les oignons.

Ajoutez ensuite les graines de sésame, les petits pois, les pousses de soja et la viande. Prolongez la cuisson de 5 minutes et arrosez de la sauce soja. Mélangez et poivrez. Salez légèrement si vous le jugez nécessaire.

**LE CONSEIL DU CHEF**

***Vous pouvez utiliser des petits pois frais mais faites-les alors cuire pendant environ 30 minutes avant de préparer cette recette.***

## Wok de poulet et champignons noirs

Pour 4 personnes • Préparation : 15 min •
Cuisson : 20 min • Temps de marinade : 1 h

*Ingrédients*

- *4 escalopes de poulet*
- *4 champignons noirs*
- *1 oignon*
- *4 tomates*
- *sel, poivre*

**Pour la marinade**

- *20 cl de sauce soja*
- *gingembre séché ou citronnelle*
- *huile d'olive*

### Réalisation

Découpez le poulet en cubes. Préparez la marinade en mélangeant les ingrédients, puis placez-y la viande et faites-la mariner au réfrigérateur pendant au moins 1 heure.

Lavez les champignons noirs puis faites-les tremper un bol d'eau tiède pour les réhydrater.

Épluchez l'oignon, émincez-le. Ajoutez un peu d'huile d'olive dans un wok et faites dorer l'oignon à feu vif. Ajoutez le poulet et la marinade et faites cuire 5 minutes en remuant de temps en temps.

Lavez les tomates, enlevez le pédoncule et coupez-les en dés. Ajoutez-les aux oignons et au poulet.

Égouttez les champignons et émincez-les grossièrement. Mettez-les dans le wok. Salez et poivrez. Ajoutez un peu d'eau et continuez la cuisson une dizaine de minutes à couvert en remuant de temps en temps.

## Chutney de tomates

Pour 4 personnes • Préparation : 10 min • Cuisson : 10 min

*Ingrédients*

- *4 tomates*
- *2 cuil. à café de graines de moutarde*
- *2 pincées de piment doux*
- *2 oignons*
- *3 cuil. à soupe de yaourt au soja*
- *4 cuil. à soupe de coriandre fraîche ciselée*
- *huile d'olive*
- *sel, poivre*

### Réalisation

Lavez et coupez les tomates en petits dés. Dans une casserole, ajoutez de l'huile d'olive et faites sauter les graines de moutarde.

Ajoutez les dés de tomate et écrasez-les en purée. Salez, poivrez, ajoutez le piment. Remuez le tout et coupez le feu.

Épluchez et émincez l'oignon. Ajoutez-le aux tomates avec le yaourt et la coriandre. Mélangez bien et assaisonnez à votre convenance. Ce chutney peut se consommer chaud ou froid.

## Flan de légumes à la sauce au basilic

Pour 6 personnes • Préparation : 15 min • Cuisson : 50 min

*Ingrédients*

- *4 oignons nouveaux*
- *3 poivrons rouges*
- *1 courgette*
- *1 gousse d'ail écrasée*
- *5 œufs*
- *1 cuil. à soupe de persil frais haché*
- *1 cuil. à soupe de basilic frais haché*
- *1 cuil. à soupe de ciboulette fraîche ciselée*
- *1 cuil. à soupe d'huile d'olive*
- *sel, poivre*

**Pour la sauce**

- *15 feuilles de basilic*
- *2 gousses d'ail écrasées*
- *3 cuil. à soupe d'huile d'olive*
- *1 cuil. à soupe de vinaigre*
- *1 cuil. à café de concentré de tomate*
- *sel, poivre*

### Réalisation

Préchauffez le four à 180 °C (th. 6).
Épluchez et émincez finement les oignons. Lavez les poivrons, coupez-les en deux et enlevez les côtes et les graines. Coupez-les en lamelles.
Dans une poêle, faites revenir les poivrons et les oignons pendant 3 minutes. Lavez et coupez la courgette en petits dés. Ajoutez les dés de courgettes et l'ail dans la poêle et poursuivez la cuisson 10 minutes.
Dans un saladier, battez les œufs en omelette et ajoutez les herbes. Salez et poivrez. Ajoutez les légumes et versez le tout dans un moule à cake. Enfournez pendant 40 minutes.
Pendant ce temps, préparez la sauce au basilic en mixant tous les ingrédients. Le flan de légumes peut être consommé chaud ou froid, nappé de la sauce au basilic.

## Fricassée de légumes du printemps

Pour 4 personnes • Préparation : 15 min • Cuisson : 20 min

*Ingrédients*

- *1 brocoli*
- *20 asperges*
- *2 aubergines*
- *2 courgettes*
- *100 g de lardons*
- *4 cuil. à soupe de basilic frais haché*
- *huile d'olive*
- *sel, poivre*

**Réalisation**

Lavez le brocoli et séparez-le en petits bouquets. Lavez les autres légumes et coupez-les en morceaux. Faites cuire les légumes 15 minutes à la vapeur.

Pendant ce temps, faites dorer les lardons dans une poêle antiadhésive et retirez au fur et à mesure l'excédent de graisse avec une cuillère. Déposez-les dans une assiette recouverte de papier absorbant.

Dans une autre poêle, faites dorer les légumes quelques minutes dans un peu d'huile d'olive. Ajoutez ensuite les lardons et le basilic. Assaisonnez à votre convenance.

## Gratin de courgettes au curry

Pour 4 personnes • Préparation : 15 min • Cuisson : 45 min

*Ingrédients*

- *1 kg de courgettes*
- *1 oignon*
- *1 échalote*
- *3 œufs*
- *20 cl de crème de soja*
- *1/2 bouillon cube de volaille dégraissé*
- *1 cuil. à soupe de curry*
- *piment de Cayenne*
- *huile d'olive*
- *sel, poivre*

### Réalisation

Lavez les courgettes, coupez les extrémités et découpez-les en rondelles. Pelez et émincez l'oignon et l'échalote.

Dans une poêle creuse, faites blondir l'oignon et l'échalote dans un peu d'huile d'olive. Ajoutez les courgettes et faites-les dorer en remuant régulièrement.

Faites chauffer 1/2 verre d'eau avec le bouillon cube et ajoutez-le aux légumes. Continuez la cuisson 5 minutes à couvert. Salez, poivrez et saupoudrez du curry et d'une pincée de piment. Mélangez bien puis poursuivez la cuisson pendant encore 10 minutes.

Préchauffez le four à 180 °C (th. 6). Dans un saladier, battez les œufs avec la crème de soja et assaisonnez à votre convenance.

Dans un plat à gratin, répartissez les courgettes et recouvrez de la préparation à la crème. Enfournez pendant 25 minutes.

## Mayonnaise Montignac

Pour 4 personnes • Préparation : 10 min

*Ingrédients*

- *1 jaune d'œuf*
- *1 cuil. à soupe de moutarde forte*
- *1 filet de vinaigre ou de jus de citron*
- *10 cl d'huile d'olive (ou à défaut de tournesol)*
- *sel, poivre*

### Réalisation

Les ingrédients doivent tous être à température ambiante. Dans un saladier, mélangez le jaune d'œuf, une pincée de sel, une pincée de poivre, la moutarde et le vinaigre ou le citron. Fouettez sans arrêt (à la main ou au fouet électrique) en versant l'huile petit à petit. La mayonnaise doit épaissir peu à peu.

## Sauce béchamel Montignac

Pour 4 personnes • Préparation : 5 min • Cuisson : 5 minutes

*Ingrédients*

- *2 cuil. à soupe d'huile d'olive*
- *20 g de farine de pois chiches*
- *20 cl de lait 1/2 écrémé*
- *noix de muscade râpée (facultatif)*
- *sel, poivre*

**Réalisation**

Dans une casserole, faites chauffer l'huile d'olive. Ajoutez la farine de pois chiches. Mélangez bien. Versez le lait froid d'un coup en tournant. Laissez cuire à feu moyen quelques minutes en remuant sans cesse. La sauce doit épaissir. Salez, poivrez et intégrez la muscade.

## Sauce cocktail Montignac

Pour 4 personnes • Préparation : 5 min

*Ingrédients*

- *250 g de mayonnaise maison (voir recette)*
- *1 cuil. à café de concentré de tomates*
- *1 cuil. à café de cognac*
- *10 gouttes de Tabasco*

**Réalisation**

Mélangez tous les ingrédients et la sauce cocktail est prête.

## Cake aux abricots

Pour 6 personnes • Préparation : 15 min • Cuisson : 40 min

*Ingrédients*

- *80 g de purée d'amande sans sucres ajoutés*
- *4 cl d'huile d'olive*
- *10 cl de lait d'amande*
- *150 g de farine de coco*
- *1 cuil. à café de levure*
- *50 g de fructose*
- *2 œufs*
- *200 g d'abricots*

### Réalisation

Préchauffez le four à 180 °C (th. 6). Dans un saladier, mélangez la purée d'amande avec l'huile et le lait d'amande. Ajoutez la farine, la levure et le fructose. Mélangez bien.

Ajoutez ensuite les œufs et mélangez à nouveau jusqu'à obtention d'une pâte homogène.Versez ce mélange dans un moule à cake en silicone.

Lavez les abricots, coupez-les en deux et enlevez les noyaux. Puis, coupez les abricots en quartiers. Mettez les quartiers debout dans la pâte à cake.

Enfournez pendant 35 à 40 minutes. Laissez refroidir avant de servir.

## Cheesecake au coulis de fruits rouges

Pour 8 personnes • Préparation : 15 min •
Cuisson : 75 min • Réfrigération : 5 h

*Ingrédients*

### Pour le fond du gâteau

- *100 g de poudre d'amande*
- *1 œuf*
- *1 cuil. à soupe de fructose*
- *1 cuil. à café de cannelle en poudre*
- *1 pincée de sel*

### Pour le cheese-cake

- *200 g de fromage blanc allégé*
- *100 g de fructose*
- *300 g de fromage à tartiner type Saint-Moret ou Philadelphia allégé*
- *3 œufs*

### Pour le coulis de fruits rouges

- *300 g de fruits rouges (fraises, framboises, mûres…)*
- *20 g de fructose*

### Réalisation

Préchauffez le four à 180 °C (th. 6). Dans un grand saladier, mélangez la poudre d'amande, le jaune d'œuf, la cannelle et le fructose.

Montez le blanc en neige avec une pincée de sel. Incorporez-le à la préparation et mélangez à la spatule. Étalez cette préparation dans le fond d'un moule recouvert de papier sulfurisé.

Enfournez et laissez cuire 15 minutes jusqu'à ce que la pâte soit légèrement dorée. Baissez la température du four à 160 °C (th. 5-6).

Dans le bol d'un mixeur, mettez les fromages, le fructose et les 3 œufs. Mixez jusqu'à obtention d'une masse légère et crémeuse.

Répartissez le mélange dans le moule puis égalisez la surface à la spatule. Enfournez pendant 1 heure.
Mixez les fruits rouges avec le fructose et répartissez ce coulis de façon uniforme sur le cheesecake. Réservez au moins 5 heures au réfrigérateur. Démoulez le cheesecake avant de servir.

## Clafoutis aux figues

Pour 4 personnes • Préparation : 10 min • Cuisson : 35 min

*Ingrédients*

- *300 g de figues fraîches*
- *3 œufs*
- *12 cl de crème allégée*
- *60 g de poudre d'amande*
- *30 g de fructose*
- *1 cuil. à café d'extrait naturel de vanille*
- *50 g d'amandes effilées-*

### Réalisation

Préchauffez le four à 180 °C (th. 6). Lavez et coupez les figues en quartier. Répartissez-les dans un plat en silicone et réservez.
Dans un saladier, battez les œufs en omelette puis ajoutez la crème, la poudre d'amande, le fructose et l'extrait naturel de vanille. Mélangez bien jusqu'à obtenir un appareil homogène. Versez-le sur les quartiers de figues et parsemez d'amandes effilées.
Enfournez pendant 35 minutes.

**LE CONSEIL DU CHEF**

*À défaut d'un moule en silicone, vous pouvez utiliser du papier sulfurisé.*

LE CONSEIL DU CHEF

*Cette compotée peut se manger seule, avec un yaourt ou en accompagnement d'un petit gâteau comme le cookie Montignac.*

## Compotée de rhubarbe à la pêche et aux fraises

Pour 4 personnes • Préparation : 10 min • Cuisson : 20 min

### *Ingrédients*

- *300 g de rhubarbe*
- *150 g de pêches (de vigne de préférence)*
- *150 g de fraises*
- *100 g de fructose*

### Réalisation

Épluchez la rhubarbe, coupez-la en morceaux et faites-la cuire avec le fructose jusqu'à ce qu'elle soit fondue. Ajoutez les pêches lavées et coupées en morceaux et poursuivez la cuisson une dizaine de minutes. Les morceaux de pêches doivent commencer à ramollir mais ils ne doivent pas se décomposer.

Éteignez le feu et ajoutez les fraises coupées en deux ou en quatre selon leur taille. Elles vont cuire avec la chaleur de la compote. Vous pouvez consommer cette compotée froide ou chaude.

## Cookies au chocolat

Pour une dizaine de cookies • Préparation : 10 min • Cuisson : 20-25 min

*Ingrédients*

- *3 œufs*
- *4 cuil. à soupe de fructose*
- *125 g de poudre d'amande*
- *125 g de poudre de noisette*
- *100 g de chocolat noir à 70 % de cacao minimum*

### Réalisation

Préchauffez le four à 180 °C (th. 6). Dans un saladier, cassez les œufs et ajoutez le fructose. Mélangez bien, ajoutez la poudre d'amande puis la poudre de noisette. Cassez le chocolat en petit morceaux et ajoutez-le au mélange.

Disposez du papier sulfurisé sur une plaque allant au four. Réalisez des petits cookies à l'aide de deux cuillères et disposez-les au fur et à mesure sur le papier sulfurisé. Enfournez et laissez cuire 20 à 30 minutes.

## Crumble Montignac

Pour 4 personnes • Préparation : 15 min • Cuisson : 20 min

*Ingrédients*

- *3 pommes*
- *2 poires*
- *1 cuil. à café de cannelle*
- *3 cuil. à soupe de fructose*
- *50 g de farine de coco*
- *50 g de poudre d'amande*
- *50 g de fructose*
- *2-3 cuil. à soupe d'huile d'olive*

### Réalisation

Préchauffez le four à 180 °C (th. 6). Pelez les fruits et coupez-les en morceaux. Faites-les revenir 5 minutes dans une poêle avec un peu d'huile d'olive. Mélangez-les ensuite avec la cannelle et le fructose. Disposez le tout dans un plat à gratin et réservez.

Dans un saladier, mélangez la farine, la poudre d'amande, les 50 g de fructose et l'huile. Pétrissez grossièrement (ajoutez un peu d'eau si vous le jugez nécessaire) et disposez sur les fruits. Enfournez 20 minutes.

## Gâteau au chocolat

Pour 4 personnes • Préparation : 10 min • Cuisson : 20 min

*Ingrédients*

- *6 œufs*
- *70 g de fructose*
- *200 g de chocolat noir pâtissier à 70 % de cacao*
- *4 cl d'huile de colza*
- *3 cuil. à soupe de purée d'amande sans sucres ajoutés*
- *1 pincée de sel*

**Réalisation**

Préchauffez le four à 180 °C (th. 6). Séparez les blancs des jaunes. Blanchissez les jaunes avec le fructose. Faites fondre le chocolat au bain-marie et mélangez-le à l'huile de colza. Puis, ajoutez-le aux mélange de jaunes d'œufs et de fructose.

Ajoutez ensuite la purée d'amande et mélangez bien. Montez les blancs en neige avec une pincée de sel et incorporez-les délicatement au mélange précédent. Versez la pâte dans un moule à gâteau et enfournez 20 minutes. Laissez refroidir avant de démouler.

## Lassi à la mangue

Pour 4 personnes • Préparation : 10 min • Réfrigération : 30 min

*Ingrédients*

- *3 mangues*
- *4 yaourts brassés 0 % (ou des yaourts au soja)*
- *1 cuil. à soupe de fructose*
- *1 cuil. à soupe de crème de soja*
- *10 cl de lait d'amande (facultatif)*

### Réalisation

Épluchez les mangues et coupez-les en petits morceaux. Dans un mixeur, mettez les yaourts, le fructose, la crème de soja et les morceaux de mangue. Le lait d'amande peut être ajouté au mélange à ce moment-là.
Mixez bien le tout et répartissez le lassi dans 4 verres. Servez très frais.

## Mousse de fraises

Pour 4 personnes • Préparation : 10 min • Réfrigération : 30 min

*Ingrédients*

- *400 g de fraises*
- *2 cuil. à soupe de jus de citron*
- *2 yaourts au soja*
- *3 cuil. à soupe de fructose*
- *2 blancs d'œufs*
- *1 pincée de sel*
- *quelques feuilles de menthe pour décorer*

### Réalisation

Lavez et équeutez les fraises. Coupez les en deux ou en quatre selon leur grosseur et écrasez-les avec une fourchette. Ajoutez le jus de citron puis les yaourts au soja et le fructose. Mélangez bien et placez au réfrigérateur pendant 30 minutes.

Séparez les blancs des jaunes et montez les blancs en neige avec une pincée de sel. Incorporez délicatement au mélange avec les fraises et décorez de quelques feuilles de menthe avant de servir.

## Muffins aux myrtilles

Pour 4 personnes • Préparation : 10 min • Cuisson : 20 min

*Ingrédients*

- *200 g de myrtilles*
- *2 œufs*
- *2 cuil. à soupe de son de blé*
- *4 cuil. à soupe de son d'avoine*
- *2 cuil. à soupe de fromage blanc au lait de chèvre*
- *2 cuil. à soupe de fructose*
- *1/4 de sachet de levure chimique*
- *1 cuil. à café d'arôme naturel de vanille*

### Réalisation

Préchauffez le four à 180 °C (th. 6). Lavez et séchez les myrtilles.

Dans un saladier, mélangez les œufs battus en omelette, les sons de blé et d'avoine, le fromage blanc, le fructose, la levure et l'arôme naturel de vanille. Remplissez-en les moules à muffins jusqu'à mi-hauteur puis ajoutez les myrtilles en les enfonçant délicatement dans la pâte. Enfournez pendant 20-25 minutes.

## Pain d'épices

Pour 8 personnes • Préparation : 15 min • Cuisson : 1 h 15

*Ingrédients*

- *250 g de sirop d'agave*
- *150 g de farine intégrale T150*
- *100 g de poudre d'amande et de noisette*
- *1 sachet de levure chimique*
- *60 g de fructose*
- *muscade râpée*
- *1 cuil. à café de cannelle en poudre*
- *2 cuil. à café de quatre-épices*
- *1 cuil. à café de fleur d'oranger*
- *10 cl de lait d'amande*
- *2 blancs d'œufs*

**Réalisation**

Faites chauffer le sirop d'agave dans une casserole ou au micro-ondes.

Dans un saladier, mélangez la farine intégrale, la poudre d'amande et de noisette, la levure chimique, le fructose et les épices.

Versez le sirop d'agave sur ce mélange, ajoutez la fleur d'oranger et mélangez bien à la spatule. Faites tiédir le lait.

Préchauffez le four à 160 °C (th. 5-6). Tout en remuant le mélange de farine, incorporez petit à petit deux blancs d'œufs, puis le lait tiède.

Versez la préparation dans un moule à cake en silicone ou recouvert de papier sulfurisé. Enfournez et laissez cuire pendant 1 h 15.

Démoulez le pain d'épices lorsqu'il a totalement refroidi. Attendez de préférence 24 heures avant de le déguster.

## Pancakes

Pour 12 pancakes • Préparation : 10 min • Cuisson : 5 min • Repos

*Ingrédients*

- *4 œufs*
- *30 cl de lait de soja*
- *60 g de farine de coco*
- *240 g de poudre d'amande ou de noisette*
- *2 cuil. à café de levure chimique*
- *4 cuil. à soupe de fructose*
- *2 pincées de sel*

### Réalisation

Montez les blancs en neige. Dans un saladier, mélangez les jaunes d'œufs avec le lait et ajoutez la farine de coco, la poudre d'amande ou de noisette, la levure, le fructose et le sel. Incorporez délicatement les blancs en neige et laissez reposer au moins une heure.

Dans une poêle antiadhésive, faites cuire les pancakes quelques minutes de chaque côté.

**LE CONSEIL DU CHEF**

*Vous pouvez consommer ces pancakes avec du sirop d'agave ou des fruits frais par exemple.*

## Panna cotta au coulis de fruits rouges

Pour 6 personnes • Préparation : 10 min • Cuisson : 5 min • Réfrigération : 4 h

*Ingrédients*

- *30 cl de lait d'amande*
- *20 cl de crème liquide allégée*
- *50 g + 20 g de fructose*
- *1 gousse de vanille*
- *2 g d'agar-agar*
- *300 g de fruits rouges*

### Réalisation

Mettez le lait, la crème et les 50 g de fructose dans une casserole. Fendez la gousse de vanille en deux et récoltez les graines que vous ajouterez au mélange

précédent. Dès les premiers bouillonnements, ajoutez l'agar-agar et laissez cuire 2 minutes en remuant sans cesse. Versez le tout dans des verrines et réservez.
Mixez les fruits rouges avec le reste de fructose et répartissez ce coulis sur les verrines.
Réservez au réfrigérateur pendant au moins 4 heures.

## Papillotes de poires à la vanille

Pour 4 personnes • Préparation : 5 min • Cuisson : 20 min

*Ingrédients*

- *4 poires mûres*
- *2 gousses de vanille*
- *4 cuil. à café de fructose*
- *4 cuil. à café de rhum*

### Réalisation

Préchauffez le four à 200 °C (th. 6-7). Découpez 4 grands carrés dans du papier sulfurisé. Pelez les poires, éliminez la queue et les pépins à l'aide d'un vide-pomme. Versez un filet d'huile d'olive sur chaque feuille de papier puis posez la poire debout.
Fendez les gousses de vanille en deux dans le sens de la longueur. Posez une demi-gousse sur chaque poire et ajoutez une cuillère de rhum et de fructose. Fermez les papillotes et enfournez 20 minutes.

## Petites crèmes aux amandes

Pour 4 personnes • Préparation : 10 min •
Cuisson : 5 min • Réfrigération : 2 h

*Ingrédients*

- *50 cl de lait d'amande*
- *1 g d'agar-agar*
- *50 g de fructose*
- *4 cuil. à soupe de purée d'amande sans sucres ajoutés*
- *1 gousse de vanille*
- *40 g d'amandes effilées*

### Réalisation

Dans un saladier, mélangez le lait d'amande avec l'agar-agar et le fructose. Ajoutez la purée d'amande et délayez bien. Versez ce mélange dans une casserole, ajoutez les graines de la gousse de vanille. Portez à ébullition pendant une vingtaine de secondes.

Retirez du feu et versez dans des ramequins individuels. Laissez refroidir avant de placer au réfrigérateur pendant au moins 2 heures.

Faites griller les amandes à sec et disposez-les sur les petites crèmes avant de servir.

LE CONSEIL DU CHEF

*Vous pouvez déguster ces petites pâtes d'amande avec le café et un carré de chocolat noir à 70 % de cacao.*

## Petites pâtes d'amande

Pour 4 personnes • Préparation : 5 min • Réfrigération : 30 min

*Ingrédients*

- *100 g d'amandes ou de poudre d'amande*
- *4 cuil. à soupe de sirop d'agave*

### Réalisation

Si les amandes sont entières, mixez-les finement jusqu'à obtention d'une poudre fine. Tamisez la poudre d'amande et mixez de nouveau en ajoutant peu à peu le sirop d'agave. Malaxez la pâte et confectionnez des petites boules. Réservez 30 minutes au frais et dégustez.

## Poire pochée au vin

Pour 4 personnes • Préparation : 10 min •
Cuisson : 20 min • Réfrigération : 12 h

*Ingrédients*

- *4 poires*
- *40 cl de vin rouge*
- *4 bâtons de cannelle*
- *2 clous de girofle*
- *2 gousses de vanille*
- *100 g de fructose*

### Réalisation

Versez le vin dans une casserole. Ajoutez le fructose, les gousses de vanille fendues en deux et les épices, puis faites chauffer à feu doux. Pendant ce temps, pelez les poires. Quand le vin frémit, posez-les debout dans la

casserole et faites-les cuire 20 minutes, à feu doux et en les arrosant régulièrement. Laissez-les ensuite macérer dans le vin pendant encore 20 minutes.
Laissez refroidir puis placez les poires au réfrigérateur une douzaine d'heures au minimum. Conservez aussi au frais le restant de sauce au vin. Servez les poires arrosées de cette sauce.

## Salade de fruits vitaminée

Pour 4 personnes • Préparation : 15 min

*Ingrédients*

- *1 mangue*
- *2 kiwis*
- *2 fruits de la passion*
- *3 oranges*
- *1 pamplemousse*
- *200 g d'ananas*
- *1 cuil. à soupe de fructose ou de sirop d'agave*
- *1 cuil. à soupe de graines de pavot*

**Réalisation**

Épluchez la mangue, les kiwis et les fruits de la passion puis coupez-les en dés. Pelez les agrumes (conservez une orange) et coupez-les en quartiers. Pelez et coupez l'ananas. Pressez l'orange restante et mélangez le jus avec le fructose ou le sirop d'agave. Mélangez tous les fruits dans un saladier et arrosez du jus d'orange. Mélangez bien et parsemez de graines de pavot.

## Tarte au citron façon cheesecake

Pour 8 personnes • Préparation : 15 min •
Cuisson : 1 h 45 • Réfrigération : 4 h

*Ingrédients*

**Pour la pâte**

- *1 œuf*
- *100 g de poudre d'amande*
- *1 cuil. à soupe de fructose*

**Pour la garniture**

- *300 g de fromage à tartiner*
- *2 cuil. à soupe de mascarpone*
- *20 cl de crème fraîche allégée*
- *3 œufs*
- *100 g de fructose*
- *le jus de 3 citrons*

### Réalisation

Préchauffez le four à 180 °C. Dans un saladier, battez l'œuf en omelette et ajoutez la poudre d'amande et le fructose.

Dans un moule à tarte assez haut, étalez ce mélange à la spatule et enfournez 15 minutes jusqu'à ce que la pâte soit légèrement dorée.

Pendant ce temps, battez le fromage à tartiner avec le mascarpone et la crème fraîche jusqu'à ce que le mélange soit lisse.

Incorporez les œufs battus en omelette, le fructose et le jus de citron. Réduisez la température du four à 150 °C.

Versez délicatement ce mélange sur le fond de tarte et enfournez 90 minutes.

Laissez la tarte refroidir au four puis placez-la au réfrigérateur au moins 4 heures.

## Tarte fine au chocolat

Pour 4 personnes • Préparation : 15 min •
Cuisson : 5 min • Congélation : 1 h

*Ingrédients*

### Pour la pâte

- *1 œuf*
- *100 g de poudre d'amande*
- *1 cuil. à soupe de fructose*

### Pour la garniture

- *300 g de chocolat noir pâtissier à 70 % de cacao*
- *200 g de crème d'amande*
- *3 cuil. à soupe de purée de noisette sans sucres ajoutés*
- *50 g de fructose*

### Réalisation

Préchauffez le four à 180 °C. Dans un saladier, battez l'œuf en omelette et ajoutez la poudre d'amande et le fructose.

Dans un moule à tarte assez haut, étendez ce mélange avec une spatule et enfournez 15 minutes jusqu'à ce que la pâte soit légèrement dorée.

Pendant ce temps, faites fondre le chocolat au bain-marie ou au micro-ondes. Dans un saladier, mélangez la crème d'amande avec la purée de noisette et le fructose. Ajoutez ce mélange au chocolat fondu et mélangez bien.

Versez cette préparation sur le fond de tarte, étalez et lissez bien avec une spatule. Laissez refroidir puis placez la tarte au congélateur 1 heure. Vous pouvez également la mettre au réfrigérateur 5 heures minimum.

## Terrine de nectarines

Pour 6 personnes • Préparation : 10 min • Cuisson : 40 min

*Ingrédients*

- *8 nectarines*
- *4 œufs*
- *50 cl de lait d'amande*
- *80 g de fructose*
- *1 cuil. à café de cannelle*

**Réalisation**

Préchauffez le four à 180 °C (th. 6). Pelez les nectarines, enlevez le noyau et coupez-les en grosses lamelles. Dans un saladier, battez les œufs, ajoutez le lait d'amande et le fructose. Dans un moule à cake, déposez les lamelles de nectarine et parsemez de cannelle. Recouvrez les fruits de l'appareil et enfournez pendant 40 minutes.

## Tian de fruits

Pour 4 personnes • Préparation : 15 min • Cuisson : 15 min

*Ingrédients*

- *2 pommes*
- *1 poire*
- *3 oranges*
- *cannelle*
- *2 cuil. à soupe de sirop d'agave*

**Réalisation**

Préchauffez le four à 180 °C (th. 6). Lavez les pommes et les poires, coupez-les en deux, retirez le cœur et les pépins et coupez les fruits en fines tranches. Épluchez 2 oranges et taillez-les également en fines tranches. Placez les tranches de fruits en alternance dans un plat allant au four. Pressez la troisième orange et versez le jus sur les tranches de fruits. Ajoutez ensuite le sirop d'agave et une pincée de cannelle. Enfournez 15 minutes.

# 3

# 4 semaines de menus minceur

Les recettes indiquées en couleur sont données dans ce livre.

| Semaine 1 | Déjeuner | Dîner |
|---|---|---|
| Lundi | **PL**<br>Salade de carottes aux graines de moutarde<br>Filet de lieu jaune et sa crèmede poireaux, courgettes sautées (250-300 g)<br>Panna ctota au coulis de fruits rouges | **GP**<br>Spaghettis (100-150 g poids sec) (cuisson *al dente*) au coulis de tomates et basilic<br>1 compote de pomme sans sucres ajoutés |
| Mardi | **PL**<br>Carpaccio de courgettes aux câpres<br>Escalope de veau aux petites tomates, champignons à l'ail et au persil<br>1 yaourt au soja | **GP**<br>Jambon blanc découenné dégraissé (1-2 tranches)<br>Riz basmati (80-120 g poids sec)<br>Petites crèmes aux amandes |
| Mercredi | **PL**<br>1/2 avocat sauce cocktail<br>Papillote de saumon à la tapenade, quinoa (100-120 g poids sec)<br>1 morceau de comté (30-50 g) | **GP**<br>Thon au naturel (100-150 g)<br>Choucroute nature (250-300 g)<br>1 pomme au four à la cannelle |
| Jeudi | **PL**<br>Salade de tomates-mozzarella vinaigrette<br>Brochettes de poulet mariné, tomates à la provençale<br>Clafoutis aux figues | **GP**<br>Viande des Grisons (2-3 tranches)<br>Purée de christophine à la muscade<br>Lassi à la mangue |
| Vendredi | **PL**<br>Cake vert de poireaux<br>Canard laqué, salade verte vinaigrette<br>1 morceau de comté (30-50 g) | **GP**<br>Lentilles vertes (100-150 g poids sec) aux petits oignons et au tofu<br>1 poire pochée |
| Samedi | **PL**<br>Crevettes marinées à l'orange<br>Marmite du pêcheur, brocolis (250-300 g)<br>Gâteau au chocolat | **PL**<br>Spaghettis aux coques<br>4-5 abricots secs |
| Dimanche | **PL**<br>Chou rouge vinaigrette<br>Côtelettes d'agneau aux olives, haricots blancs (150-200 g)<br>Fruits frais de saison (150-200 g) | **GP**<br>Pavé de truite en papillote<br>Brocolis à la crème de soja<br>Petites pâtes d'amande |

**PL** *protido-lipidique (voir p. 27)* **GP** *glucido-protidique (voir p. 27)*

| Semaine 2 | Déjeuner | Dîner |
|---|---|---|
| Lundi | PL<br>Avocat et crevettes cocktail<br>Crevettes sautées en persillade, 1 aubergine grillée<br>Crumble Montignac | GP<br>Velouté de potiron et courgettes<br>1 fromage blanc faisselle 0 %<br>1 compote de pomme sans sucres ajoutés |
| Mardi | PL<br>Carottes râpées vinaigrette<br>Escalope de dinde au chèvre, haricots verts persillés (250-300 g)<br>1 yaourt au soja | GP<br>Sashimis de thon (100-150 g)<br>Riz basmati (80-120 g poids sec) et sauce soja<br>Tian de fruits |
| Mercredi | PL<br>Salade de poulet aux pêches<br>Foie de veau à la crème de persil, fondue de poireau (250-300 g)<br>Fruits frais de saison (150-200 g) | GP<br>Dip de carottes et guacamole<br>Semoule de blé complet ou intégral (100-120 g) au coulis de tomates<br>4-5 pruneaux |
| Jeudi | PL<br>Asperges vinaigrette<br>Thon au parmesan, épinards (250-300 g)<br>Terrine de nectarines | PL<br>Salade chinoise aux crevettes<br>1 yaourt au soja |
| Vendredi | Salade grecque<br>Paupiette de lapin persillée, endives braisées (2)<br>1 yaourt au soja | GP<br>Spaghettis (100-150 g poids sec) (cuisson al dente) au saumon fumé et crème de soja<br>Fruits frais de saison (150-200 g) |
| Samedi | PL<br>1 œuf dur mayonnaise<br>Mille-feuille de rouget, salade verte vinaigrette<br>1 morceau de fromage de chèvre (30-50 g) | GP<br>Flageolets (150-200 g) à la tomate concassée<br>Poire pochée au vin |
| Dimanche | PL<br>Moussaka au chèvre frais<br>Poulet aux cacahuètes, épinards (250-300 g)<br>1 compote de pomme sans sucres ajoutés | PL<br>Blinis au saumon fumé et jus de citron<br>1 fromage blanc faisselle 0 % |

**PL** *protido-lipidique (voir p. 27)* **GP** *glucido-protidique (voir p. 27)*

| Semaine 3 | Déjeuner | Dîner |
|---|---|---|
| Lundi | PL<br>Soupe de pois chiche<br>Poêlée de gambas, gratin de chou-fleur (250-300 g)<br>1 morceau de beaufort (30-50 g) | GP<br>Bresaola (2-3 tranches)<br>Courgette grillée au basilic (250-300 g)<br>1 compote de poire sans sucres ajoutés |
| Mardi | PL<br>Concombres au yaourt au soja et moutarde<br>Brochettes de bœuf au curry, fricassée de légumes du printemps<br>Muffins aux myrtilles | GP<br>Coquillettes complètes ou intégrales (100-150 g poids sec) (cuisson al dente) à la crème de soja, ail et persil<br>1 pomme au four à la cannelle |
| Mercredi | PL<br>Salade végétarienne de quinoa<br>Papillote de lieu noir et légumes croustillants<br>1 morceau de beaufort (30-50 g) | GP<br>Riz basmati (80 g poids sec) et lentilles vertes (80 g poids sec) au cumin<br>Mousse de fraises |
| Jeudi | PL<br>1 tranche de jambon de pays cornichons<br>Wok de poulet et champignons noirs, petits pois frais (150-200 g)<br>Fruits frais de saison (150-200 g) | GP<br>2 blancs d'œufs pochés<br>Bouillon de légumes aux vermicelles<br>Pain d'épices |
| Vendredi | PL<br>Mille-feuille d'aubergine<br>Paëlla au quinoa<br>1 yaourt au soja | GP<br>Dos de cabillaud au four<br>Purée de patates douces (150-200 g)<br>Fruits frais de saison (150-200 g) |
| Samedi | PL<br>Pain de saumon à la roquette<br>Carpaccio de truite au parmesan, salade de roquette vinaigrette<br>Cheesecake au coulis de fruits rouges | GP<br>Jambon de volaille (2 tranches)<br>Blé (100-120 g) au coulis de tomates et basilic<br>1 compote de poire sans sucres ajoutés |
| Dimanche | PL<br>Salade de lentilles<br>Filet mignon à la framboise, gratin de courgettes au curry<br>Tarte fine au chocolat | PL<br>Papillote de filet de sole<br>Haricots mange-tout (250-300 g)<br>1 yaourt au soja |

**PL** *protido-lipidique (voir p. 27)* **GP** *glucido-protidique (voir p. 27)*

| Semaine 4 | Déjeuner | Dîner |
|---|---|---|
| Lundi | PL<br>Salade d'orge mondé aux pois chiche<br>Cassolette de poireau aux deux saumons<br>Cake aux abricots | GP<br>2 tranches de jambon blanc<br>Potage de légumes de saison<br>Papillote de poire à la vanille |
| Mardi | PL<br>Gaspacho andalou<br>Filets de sardines à la tomate, amarante (100-120 g)<br>1 yaourt au soja | GP<br>Viande des Grisons (2-3 tranches)<br>Écrasé de lentilles corail (100-120 g)<br>4-5 figues sèches |
| Mercredi | PL<br>Salade de moules au curry<br>Cuisse de poulet à l'espagnole, brocolis (250-300 g)<br>Cookies au chocolat | GP<br>Semoule de blé intégral (100 g) aux pois chiches (50 g) et figues séchées (3-4)<br>1 compote de pomme sans sucres ajoutés |
| Jeudi | PL<br>Cœurs d'artichauts vinaigrette<br>Râble de lapin à la tapenade, ratatouille (250-300 g)<br>1 morceau de cantal (30-50 g) | PL<br>Wok de bœuf aux graines de sésame<br>Compotée de rhubarbe à la pêche et aux fraises |
| Vendredi | PL<br>Coquilles Saint-Jacques sur lit d'endives<br>Petite truite farcie au four, 1 aubergine grillée<br>1 compote de poire sans sucres ajoutés | GP<br>Spaghettis (100-150 g poids sec) (cuisson al dente) à la crème d'aubergines<br>1 yaourt au soja |
| Samedi | PL<br>Radis à la croque au sel<br>Tournedos au poivre vert, flageolets (150-200 g)<br>Fruits frais de saison (150-200 g) | GP<br>2 tranches de jambon de volaille<br>Purée de pois cassés (150-200 g)<br>Salade de fruits vitaminée |
| Dimanche | PL<br>Salade de foies de volailles au bacon<br>Curry de flétan, tomates à la provençale (2)<br>Tarte au citron façon cheesecake | PL<br>Tagliatelles au saumon et au brocoli<br>1 compote de pomme sans sucres ajoutés |

**PL** *protido-lipidique (voir p. 27)* **GP** *glucido-protidique (voir p. 27)*

# 4

# Annexes

# Table des index glycémiques

▸ *IG très bas : 0-35* ▸ *IG moyen/bas : 40-50* ▸ *IG élevé : 55-100*

| Aliment | IG |
|---|---|
| Sirop de maïs | 115 |
| Amidons modifiés, bière* (maltose) | 110 |
| Glucose | 100 |
| Amidons modifiés | 100 |
| Sirop de blé, sirop de riz | 100 |
| Sirop de glucose | 100 |
| Farine de riz | 95 |
| Fécule de pomme de terre (amidon) | 95 |
| Pommes de terre au four | 95 |
| Pommes de terre frites | 95 |
| Pain sans gluten (farine de riz + fécule de pomme de terre) | 90 |
| Pomme de terre en flocons (instantanée) | 90 |
| Riz glutineux, riz agglutinant | 90 |
| Arrow-root, herbe aux flèches | 85 |
| Carottes (cuites)* | 85 |
| Céleri-rave (cuit)* | 85 |
| Corn flakes, flocons de maïs | 85 |
| Farine de blé blanche T45 | 85 |
| Gâteau de riz | 85 |
| Lait de riz | 85 |
| Maïzena (amidon de maïs) | 85 |
| Navet (cuit)* | 85 |
| Pain hamburger | 85 |
| Pain très blanc, pain de mie (type Harry's®) | 85 |
| Panais* | 85 |
| Pop-corn (sans sucre) | 85 |
| Riz à cuisson rapide (précuit) | 85 |
| Riz soufflé, galettes de riz, brick | 85 |

| Aliment | IG |
|---|---|
| Tapioca | 85 |
| Fèves cuites | 80 |
| Pommes de terre en purée | 80 |
| Courges (diverses)* | 75 |
| Doughnuts | 75 |
| Gaufre au sucre | 75 |
| Lasagnes (blé tendre) | 75 |
| Pastèque* | 75 |
| Potiron* | 75 |
| Riz au lait (sucré) | 75 |
| Special K® (Kellog's®) | 75 |
| Amarante soufflée | 70 |
| Bagel | 70 |
| Baguette, pain blanc (T55) | 70 |
| Banane plantain (cuite) | 70 |
| Biscotte | 70 |
| Bouillie de farine de maïs | 70 |
| Brioche | 70 |
| Céréales raffinées sucrées | 70 |
| Chips | 70 |
| Colas, boissons gazeuses, sodas (type Coca-Cola®) | 70 |
| Croissant | 70 |
| Dattes | 70 |
| Farine de maïs | 70 |
| Gnocchis | 70 |
| Mélasse | 70 |
| Mil, millet, sorgho | 70 |
| Nouilles (blé tendre) | 70 |
| Pain azyme (farine blanche) | 70 |
| Pain de riz | 70 |
| Polenta, semoule de maïs | 70 |
| Pommes de terre bouillies pelées | 70 |
| Raviolis (blé tendre) | 70 |
| Risotto | 70 |
| Riz blanc standard | 70 |

| Aliment | IG |
|---|---|
| Rutabaga, chou-navet | 70 |
| Sucre blanc (saccharose) | 70 |
| Sucre roux/complet/intégral | 70 |
| Tacos | 70 |
| Ananas (boîte) | 65 |
| Betterave (cuite)* | 65 |
| Confiture standard sucrée | 65 |
| Couscous, semoule | 65 |
| Épeautre (farine raffinée) | 65 |
| Farine de châtaigne/marron | 65 |
| Farine semi-complète (blé) | 65 |
| Fruit à pain, arbre à pain | 65 |
| Gelée de coing (sucrée) | 65 |
| Igname | 65 |
| Jus de canne à sucre séché | 65 |
| Jus de raisin (sans sucre) | 65 |
| Maïs courant en grains | 65 |
| Mars®, Sneakers®, Nuts®, etc. | 65 |
| Muesli (avec sucre, miel…) | 65 |
| Nouilles, ravioles | 65 |
| Pain au chocolat | 65 |
| Pain au seigle (30 % de seigle) | 65 |
| Pain bis (au levain) | 65 |
| Pain complet standard | 65 |
| Pain de seigle complet | 65 |
| Pomme de terre cuite dans sa peau (eau/vapeur) | 65 |
| Raisins secs | 65 |
| Sirop d'érable | 65 |
| Sorbet (sucré) | 65 |
| Tamarin (doux) | 65 |

| Aliment | IG |
|---|---|
| Abricot (boîte, au sirop) | 60 |
| Bananes (mûres) | 60 |
| Châtaigne, marron | 60 |
| Cointreau® | 60 |
| Crème glacée classique (sucrée) | 60 |
| Farine complète (blé) | 60 |
| Marie Brizard® | 60 |
| Mayonnaise (industrielle, sucrée) | 60 |
| Melon* | 60 |
| Miel | 60 |
| Orge perlé | 60 |
| Ovomaltine® | 60 |
| Pain au lait | 60 |
| Pizza standard (farine blanche) | 60 |
| Porridge, bouillie de flocons d'avoine | 60 |
| Poudre chocolatée (sucrée) | 60 |
| Raviolis (blé dur) | 60 |
| Riz de Camargue (blanc) | 60 |
| Riz long (blanc) | 60 |
| Riz parfumé (jasmin…) | 60 |
| Semoule de blé dur | 60 |
| Biscuit | 55 |
| Boulgour (blé, cuit) | 55 |
| Jus de mangue (sans sucre) | 55 |
| Ketchup | 55 |
| Lasagnes (blé dur) | 55 |
| Manioc (amer) | 55 |
| Manioc (doux) | 55 |
| Moutarde (avec sucre ajouté) | 55 |
| Nèfle | 55 |
| Nutella® | 55 |
| Papaye (fruit frais) | 55 |
| Pêches (boîte, au sirop) | 55 |
| Riz rouge | 55 |
| Sirop de chicorée | 55 |
| Spaghettis blancs bien cuits | 55 |
| Sushi | 55 |
| Tagliatelles (bien cuites) | 55 |
| All Bran™ | 50 |

| Aliment | IG |
|---|---|
| Barre énergétique de céréales (sans sucre) | 50 |
| Biscuits (farine complète, sans sucre) | 50 |
| Chayottes, christophines (purée de) | 50 |
| Couscous/semoule complète | 50 |
| Jus d'airelle rouge/canneberge (sans sucre) | 50 |
| Jus d'ananas (sans sucre) | 50 |
| Kaki | 50 |
| Litchi (fruit frais) | 50 |
| Macaronis (blé dur) | 50 |
| Muesli (sans sucre) | 50 |
| Pain au quinoa (environ 65 % de quinoa) | 50 |
| Patate douce | 50 |
| Pâtes complètes (blé entier) | 50 |
| Riz basmati long | 50 |
| Riz complet brun | 50 |
| Surimi | 50 |
| Topinambour, artichaut de Jérusalem | 50 |
| Wasa léger™ | 50 |
| Airelle rouge, canneberge | 45 |
| Ananas (fruit frais) | 45 |
| Banane (verte) | 45 |
| Banane plantain (crue) | 45 |
| Blé (farine intégrale) | 45 |
| Blé (type Ebly®) | 45 |
| Boulgour, bulgur complet (blé, cuit) | 45 |
| Capellini | 45 |
| Céréales complètes (sans sucre) | 45 |
| Confitures (marmelades) sans sucre (jus de raisin concentré) | 45 |
| Couscous intégral, semoule intégrale | 45 |

| Aliment | IG |
|---|---|
| Épeautre (farine intégrale) | 45 |
| Épeautre (pain intégral) | 45 |
| Farine de faro (intégrale) | 45 |
| Farine de kamut (intégrale) | 45 |
| Jus d'orange (sans sucre et pressé) | 45 |
| Jus de pamplemousse (sans sucre) | 45 |
| Kiwi* | 45 |
| Mangue (fruit frais) | 45 |
| Pain de kamut | 45 |
| Pain grillé, farine intégrale sans sucre | 45 |
| Pain intégral standard | 45 |
| Pernod-Ricard® | 45 |
| Petits pois (boîte) | 45 |
| Pilpil (de blé) | 45 |
| Pineau® | 45 |
| Porto® | 45 |
| Pumpernickel standard | 45 |
| Raisin (fruit frais) | 45 |
| Riz basmati complet | 45 |
| Sauce tomate, coulis de tomates (avec sucre) | 45 |
| Seigle (intégral, farine ou pain) | 45 |
| Avoine (flocons) | 40 |
| Beurre de cacahuètes (sans sucre ajouté) | 40 |
| Chicorée (boisson) | 40 |
| Cidre brut | 40 |
| Falafels (fèves) | 40 |
| Farine de quinoa | 40 |
| Fèves (crues) | 40 |
| Figues sèches | 40 |
| Flocons d'avoine (non cuite) | 40 |
| Gelée de coing (sans sucre) | 40 |
| Haricots rouges (boîte) | 40 |
| Jus de fruits frais sans sucre | 40 |
| Jus de pomme (sans sucre) | 40 |
| Kamut intégral | 40 |

| Aliment | IG |
|---|---|
| Lactose | 40 |
| Lait de coco | 40 |
| Pain 100 % intégral au levain pur | 40 |
| Pain azyme (farine intégrale) | 40 |
| Pepino, poire melon | 40 |
| Pumpernickel Montignac® | 40 |
| Purée de sésame, tahin | 40 |
| Riz basmati long intégral Montignac® | 40 |
| Sablé (farine intégrale, sans sucre) | 40 |
| Pâtes intégrales (*al dente*) | 40 |
| Sarrasin, blé noir (intégral, farine ou pain) | 40 |
| Sorbet (sans sucre) | 40 |
| Spaghettis *al dente* (cuits cinq minutes) | 40 |
| Vermicelles de blé dur | 40 |
| Vins cuits (Martini®…) | 40 |
| Abricots secs | 35 |
| Amarante | 35 |
| Anone chérimole, anone écailleuse, pomme cannelle, corossol | 35 |
| Barre chocolatée sans sucre maxi fruits Montignac®) | 35 |
| Brugnons, nectarines (blancs ou jaunes ; fruits frais) | 35 |
| Cassoulet | 35 |
| Céleri-rave (cru, rémoulade) | 35 |
| Coing (fruit frais) | 35 |
| Crème glacée (au fructose) | 35 |
| Falafels (pois chiches) | 35 |
| Farine de pois chiches | 35 |
| Figues sèches | 35 |
| Grenade (fruit frais) | 35 |
| Haricot adzuki | 35 |
| Haricot borlotti | 35 |
| Haricots noirs | 35 |
| Haricots rouges | 35 |
| Jus de tomate | 35 |
| Levure | 35 |
| Levure de bière | 35 |
| Lin, sésame, pavot (graines) | 35 |
| Maïs ancestral (amérindien) | 35 |
| Moutarde forte sans sucre | 35 |
| Noix de coco | 35 |
| Oranges (fruit frais) | 35 |
| Pain essène (céréales germées) | 35 |
| Pêches (fruit frais) | 35 |
| Petits pois (frais) | 35 |
| Pois chiches (boîte) | 35 |
| Pomme (compote) | 35 |
| Pommes séchées | 35 |
| Pruneaux | 35 |
| Purée d'amandes blanches (sans sucre) | 35 |
| Quinoa | 35 |
| Riz sauvage | 35 |
| Sablé intégral Montignac® | 35 |
| Sauce tomate, coulis de tomates (sans sucre) | 35 |
| Tomates séchées | 35 |
| Tournesol (graines) | 35 |
| Wasa fibres™ (24 %) | 35 |
| Yaourt au soja (aromatisé) | 35 |
| Véritable pain intégral Montignac® | 34 |
| Abricots (fruits frais) | 30 |
| Ail | 30 |
| Betterave (crue) | 30 |
| Carottes (crues) | 30 |
| Figue, figue de barbarie (fraîche) | 30 |
| Fromage blanc** non égoutté | 30 |
| Fruit de la passion, maracuja, grenadille pourpre | 30 |
| Haricots verts | 30 |
| Lait d'amande | 30 |
| Lait d'avoine (non cuit) | 30 |
| Lait de soja | 30 |
| Lait frais/poudre** | 30 |
| Lait** (écrémé ou non) | 30 |
| Lentilles brunes | 30 |
| Lentilles jaunes | 30 |
| Mandarines, clémentines | 30 |
| Navet (cru) | 30 |
| Pamplemousse (fruit frais) | 30 |
| Poire (fruit frais) | 30 |
| Pomme (fruit frais) | 30 |
| Prune (fruit frais) | 30 |
| Salsifis | 30 |
| Tomate | 30 |
| Vermicelles de soja | 30 |
| Vermicelles chinois | 30 |
| Vin blanc liquoreux | 30 |
| Yaourt (nature)** | 30 |
| Airelles, myrtilles | 25 |
| Cerises | 25 |
| Chocolat noir (> 70 % de cacao) | 25 |
| Farine de soja | 25 |
| Flageolets | 25 |
| Fraises (fruits frais) | 25 |
| Framboises (fruit frais) | 25 |
| Graines de courges | 25 |
| Groseilles | 25 |
| Groseilles à maquereau | 25 |
| Haricots mungos (soja) | 25 |
| Houmous | 25 |
| Lentilles vertes | 25 |
| Mûres | 25 |
| Myrtilles, airelles | 25 |
| Orge mondé | 25 |
| Pois cassés | 25 |
| Purée d'amandes complètes (sans sucre) | 25 |
| Purée de cacahuètes (sans sucre) | 25 |
| Purée de noisettes entières (sans sucre) | 25 |
| Artichaut | 20 |
| Aubergine | 20 |
| Cacao en poudre (sans sucre) | 20 |
| Cerises des Antilles, acérolas | 20 |
| Chocolat noir (> 85 % de cacao) | 20 |

| | |
|---|---|
| Citron | 20 |
| Cœurs de palmier | 20 |
| Confiture (marmelade) sans sucre Montignac® | 20 |
| Fructose Montignac® | 20 |
| Pousses de bambou | 20 |
| Ratatouille | 20 |
| Soja cuisine | 20 |
| Yaourt au soja (nature) | 20 |
| Agave (sirop) | 15 |
| Amandes | 15 |
| Asperge | 15 |
| Blette, bette | 15 |
| Brocoli | 15 |
| Cacahuètes, arachides | 15 |
| Cassis, groseilles noires | 15 |
| Céleri branches | 15 |
| Céréales germées (blé, soja…) | 15 |
| Champignon | 15 |
| Choucroute | 15 |
| Chou-fleur | 15 |
| Chou | 15 |
| Choux de Bruxelles | 15 |
| Concombre | 15 |
| Cornichon | 15 |
| Courgette | 15 |
| Échalote | 15 |
| Endive, chicorée | 15 |
| Épinards | 15 |
| Fenouil | 15 |
| Foie gras | 15 |
| Gingembre | 15 |
| Graines germées | 15 |
| Groseilles noires, cassis | 15 |
| Haricot vert, haricot mange-tout, pois mange-tout | 15 |
| Jus de citron (sans sucre) | 15 |
| Lupin | 15 |
| Noisettes | 15 |
| Noix de cajou | 15 |
| Oignon | 15 |
| Olives | 15 |
| Oseille | 15 |
| Pesto | 15 |
| Physalis | 15 |
| Pignon de pin | 15 |
| Piment | 15 |
| Pistache | 15 |
| Poireau | 15 |
| Poivron | 15 |
| Poudre (farine) de caroube | 15 |
| Radis | 15 |
| Rhubarbe | 15 |
| Salade (laitue, scarole, frisée, mâche, etc.) | 15 |
| Sauce soja (sans sucre ni édulcorants) | 15 |
| Sauce tamari (sans sucre ni édulcorants) | 15 |
| Soja (graines/noix) | 15 |
| Son (de blé, d'avoine…) | 15 |
| Tempeh | 15 |
| Tofu (soja) | 15 |
| Avocat | 10 |
| Spaghettis Montignac (à IG très bas) | 10 |
| Crustacés (homard, crabe, langouste…) | 5 |
| Épices (poivre, persil, basilic, carvi, cannelle, vanille, etc.) | 5 |
| Vinaigre balsamique | 5 |
| Alcool, vin rouge, vin blanc sec | 0 |
| Bœuf (steak, pavé, filet, entrecôte, etc.) *** | 0 |
| Cafés, thés, tisanes*** | 0 |
| Charcuteries (saucisson, salami, coppa, etc.), jambons (blanc, cuit, cru, fumé, etc.)*** | 0 |
| Crème fraîche***/** | 0 |
| Fromages (gruyère, camembert, emmental, édam, feta, chèvre, gouda, parmesan)***/** | 0 |
| Fruits de mer (crevettes, moules, huîtres, etc.) *** | 0 |
| Graisse d'oie, graisse végétale, margarine*** | 0 |
| Huiles (olive, tournesol, etc.)*** | 0 |
| Mayonnaise (naturelle : œuf, huile, moutarde) | 0 |
| Œufs*** | 0 |
| Viandes (bœuf, porc, volaille, veau, agneau, mouton, lapin, boudin, viande des Grisons, etc.)*** | 0 |
| Vin rouge, vin blanc, champagne brut *** | 0 |
| Volaille (poulet, dinde, etc.)*** | 0 |

** Bien qu'ayant un IG élevé, ces aliments ont un contenu en glucide pur très faible (5 % environ). Leur consommation en quantité normale devrait donc avoir un effet négligeable sur la glycémie.*
*** Il n'y a pratiquement pas de différence d'IG entre les laitages entiers et les laitages à 0 % de MG. Il faut savoir par ailleurs que, bien que les laitages aient un IG bas, leur index insulinique est élevé.*
**** Ces aliments ne contenant pas de glucides ont un IG de 0.*

# Index des recettes


**Les apéritifs**

Blinis. . . . . . . . . . . . . . . . . . . . . . . . . . . . 66
Bouchées de concombre aux œufs de saumon . . . . . . . . . . 67
Bruschetta gratinée . . . . . . . . . . . . . 68
Canapés de magret de canard fumé69
Champignons à l'ail et au persil . . . 70
Chorizo au vin rouge . . . . . . . . . . . . 71
Crème d'aubergines . . . . . . . . . . . . 71
Cuillères de pétoncles au soja . . . . 72
Feuilles d'endive à la crème de thon72
Guacamole . . . . . . . . . . . . . . . . . . . 73
Houmous libanais . . . . . . . . . . . . . . 74
Petites boules de chèvre . . . . . . . . . 75
Radis au dip de poivrons . . . . . . . . . 75
Rillettes de sardines. . . . . . . . . . . . . 76
Roulés de jambon de Parme au fromage frais . . . . . . . . . . . . . . 77
Roulés de poivrons aux anchois . . . 77
Tzatziki. . . . . . . . . . . . . . . . . . . . . . . . 78

**Les entrées**

Avocat et crevettes cocktail . . . . . . 79
Cake vert de poireaux. . . . . . . . . . . 80
Carpaccio de courgettes aux câpres 81
Coquilles Saint-Jacques sur lit d'endives . . . . . . . . . . . . . . . . . . . 82
Crevettes marinées à l'orange . . . . 83
Gaspacho andalou . . . . . . . . . . . . . 84
Mille-feuille d'aubergine . . . . . . . . . 85
Moussaka au chèvre frais . . . . . . . . 86
Pain de saumon à la roquette . . . . 87
Roulés de saumon fumé au radis noiret à la pomme verte . . . . . . . 88
Salade de carottes aux graines de moutarde . . . . . . . . . . . . . . . . . 89
Salade chinoise aux crevettes . . . . 90
Salade de foies de volailles au bacon . . . . . . . . . . . . . . . . . . . . 91
Salade grecque . . . . . . . . . . . . . . . . 92
Salade de lentilles. . . . . . . . . . . . . . . 93
Salade de mangue . . . . . . . . . . . . . 94
Salade de moules au curry . . . . . . . 95
Salade d'orge mondé aux pois chiches . . . . . . . . . . . . . . 96
Salade de poulet aux pêches. . . . . 97
Salade végétarienne de quinoa . . 98
Soupe de haricots rouges . . . . . . . . 99
Soupe de pois chiches. . . . . . . . . . 100
Tomates farcies au thon. . . . . . . . . 101
Velouté de potiron et de courgettes 102

**Les poisssons**

Calamars à la catalane. . . . . . . . . 103
Carpaccio de truite au parmesan 104
Cassolette de poireaux aux deux saumons . . . . . . . . . . . 105
Choucroute de la mer . . . . . . . . . . 106
Colin sur son lit de champignons . 107
Crevettes sautées en persillade . . 108
Curry de flétan . . . . . . . . . . . . . . . . 109
Dorade au four en toute simplicité 110
Filets de lieu jaune et leur crème de poireaux . . . . . . . . . . . . . . . . 111
Filets de merlan à la crème de câpres. . . . . . . . . . . . . . . . . . . 112
Filets de sardines à la tomate . . . . 113
Lotte à l'américaine . . . . . . . . . . . . 114
Marmite du pêcheur . . . . . . . . . . . 115
Mille-feuille de rouget. . . . . . . . . . . 116
Moules cuisinées à la tomate . . . . 117
Paëlla au quinoa. . . . . . . . . . . . . . . 118
Papillotes de cabillaud à l'italienne.119

Papillotes de filets de sole . . . . . . . 120
Papillotes de lieu noir et légumes croustillants. . . . . . . . . . . . . . . . . . 121
Papillotes de saumon à la tapenade . . . . . . . . . . . . . . . . .122
Petites truites farcies au four . . . . . 123
Poêlée de gambas. . . . . . . . . . . . . . 124
Spaghettis aux coques. . . . . . . . . . 125
Tagliatelles au saumon et aux brocolis. . . . . . . . . . . . . . . . . . . . 126
Tartare de dorade à la coriandre. 127
Thon au parmesan . . . . . . . . . . . . . 128

## Les viandes

Aiguillettes de canard au sirop d'agave . . . . . . . . . . . . . . . . . . . . . 129
Aubergines à la bolognaise. . . . . . 130
Blancs de poulet au jambon cuit . . . . . . . . . . . . . . 131
Brochettes de bœuf au curry . . . . 132
Brochettes de poulet mariné. . . . . 133
Canard laqué . . . . . . . . . . . . . . . . . 134
Côtelettes d'agneau aux olives noires . . . . . . . . . . . . . . . .135
Côtes de porc aux petits pois et au chorizo. . . . . . . . . . . . . . . . . . . 136
Côtes de veau à la normande . . . 137
Cuisses de poulet aux abricots et aux amandes. . . . . . . . . . . . . . . . 138
Cuisses de poulet à l'espagnole. . 139
Émincé de dinde aux tomates séchées. . . . . . . . . . . . . . . . . . . . . . .140
Escalopes de dinde au chèvre . . . 141
Escalopes de veau aux petites tomates . . . . . . . . . . . . . . . . . . . . 142
Filet mignon à la framboise . . . . . . 143
Foie de veau à la crème de persil 144
Paupiettes de lapin persillées . . . . 145
Poulet aux cacahuètes . . . . . . . . . 146
Poulet tandoori . . . . . . . . . . . . . . . 147
Râbles de lapin à la tapenade. . . 148
Sauté d'agneau aux aubergines . 149
Tournedos au poivre vert . . . . . . . . 150
Wok de bœuf aux graines de sésame . . . . . . . . . . . . . . . . . . . 151
Wok de poulet et champignons noirs. . . . . . . . . . . . . . . . . . . . . . . . 152

## Les accompagnements et les sauces

Chutney de tomates . . . . . . . . . . . 153
Flan de légumes à la sauce au basilic . . . . . . . . . . . . . . . . . . . 154
Fricassée de légumes du printemps . . . . . . . . . . . . . . . . 155
Gratin de courgettes au curry. . . . 156
Mayonnaise Montignac. . . . . . . . . 157
Sauce béchamel Montignac . . . . 158
Sauce cocktail Montignac . . . . . . 158

## Les desserts

Cake aux abricots . . . . . . . . . . . . . 159
Cheesecake au coulis de fruits rouges. . . . . . . . . . . . . . . 160
Clafoutis aux figues. . . . . . . . . . . . . 161
Compotée de rhubarbe à la pêche et aux fraises . . . . . . . . . . . . . . . 162
Cookies au chocolat . . . . . . . . . . . 163
Crumble Montignac. . . . . . . . . . . . 164
Gâteau au chocolat . . . . . . . . . . . 165
Lassi à la mangue . . . . . . . . . . . . . 166
Mousse de fraises . . . . . . . . . . . . . 166
Muffins aux myrtilles. . . . . . . . . . . . . 167
Pain d'épices. . . . . . . . . . . . . . . . . . 168
Pancakes . . . . . . . . . . . . . . . . . . . . . 169
Panna cotta au coulis de fruits rouges. . . . . . . . . . . . . . . 169
Papillotes de poires à la vanille . . . 170
Petites crèmes aux amandes . . . . 171
Petites pâtes d'amande . . . . . . . . 172
Poire pochée au vin . . . . . . . . . . . . 172
Salade de fruits vitaminée . . . . . . . 173
Tarte au citron façon cheesecake 174
Tarte fine au chocolat . . . . . . . . . . 175
Terrine de nectarines . . . . . . . . . . . 176
Tian de fruits. . . . . . . . . . . . . . . . . . . 176

# Index général


**A**

Abdominaux, 61
Acides aminés essentiels, 22, 45, 58
Acides gras monoinsaturés, 20, 21, 40, 43
Acides gras polyinsaturés, 20, 21, 40, 51
Acides gras saturés, 20, 21
Acides « trans », 20
Activité physique, 64
Allaitement, 51, 55
Amaigrissement, 12, 16, 19, 20, 23, 33, 37
Aquagym, 38

**C**

Calcium, 18, 39, 46, 51, 55, 60
Cellulite, 55
Cholestérol, 23, 35, 41, 43, 58
Compléments alimentaires, 14, 41, 51, 53, 54, 60
Convalescence, 14
Croissance, 14
Curcuma, 35

**D**

Défenses immunitaires, 53
Déséquilibres alimentaires, 54
Diabète, 13, 17, 50, 53
Dos, 56

**E**

Enfants, 63

**F**

Fatigue, 9, 60, 64
Féculents, 60
Fer, 15, 46, 50, 54
Fertilité, 54
Fibres, 23, 24, 32, 39, 40, 41, 52
Footing, 62

**G**

Glucides, 13, 14, 16, 19, 23
Glycémie, 12, 13, 16, 21, 23, 30, 43, 47
Graisses, 20, 23, 27
Grossesse, 14, 50, 51, 52, 54

**H**

Hydratation, 25
Hyperglycémie, 12, 50
Hyperinsulinisme, 13, 16
Hypoglycémie, 12, 13

**I**

Index glycémique, 13, 60, 184
Insuline, 12, 13, 17, 18

**J**

Jeûne, 55

**L**

Laitages, 20, 22, 23, 27, 59, 63
Lipides, 20, 21, 46

**M**

Magnésium, 18, 46, 51, 55, 60
Marche, 57, 64
Mélatonine, 17
Minéraux, 14, 18, 46, 58, 60

**N**

Natation, 37

**O**

Obésité, 53, 59
Oméga-3, 15, 20, 21, 28, 51, 52
Oméga-6, 20, 51

**P**

Phosphore, 18, 39, 58
Pilate, 49
Poids, 64
Probiotiques, 50, 52, 53, 54
Protéines, 21, 22, 27, 60

**R**

Rythmes biologiques, 17

**S**

Satiété, 22, 24, 39
Sommeil, 17, 25
Sport, 57, 59, 61, 62, 64
Stabilisation, 19
Stress, 14, 18, 41
Surpoids, 13, 16, 20, 38, 52, 63

**T**

Transit, 24, 52
Triglycérides, 23

**V**

Végétarien, 58, 59
Vitamine B6, 53
Vitamine B9, 15, 53, 54
Vitamine B12, 54
Vitamine C, 53
Vitamine E, 41, 53, 54

**Z**

Zinc, 57, 58